SOPAS

Révision ludique de vocabulaire et de grammaire espagnols

Nicole Borelli

Professeur certifié

Docteur ès Lettres

ellipses

Du même auteur chez le même éditeur :

• *Spécialités de grammaire espagnole*, 240 pages

ISBN 978-2-7298-1906-4

32, rue Bargue 75740 Paris cedex 15

www.editions-ellipses.fr

Avant-propos

Ce recueil présente une double révision de vocabulaire et de grammaire espagnole, de manière très ludique, tout au long des pages en vous proposant des jeux très divers :

- des devinettes,
- des dessins à élucider,
- des « sopas de letras »,
- des jeux à compléter,
- des jeux de réflexion,
- des traductions à donner,
- des tableaux à compléter,
- des lettres à retrouver,
- des mots à deviner,
- et toute sorte de jeux.

Ce petit fascicule veut donc, à la fois, proposer divers jeux et constituer un instrument de travail. Chaque jeu, de difficulté variée, doit permettre à chacun de retrouver ses premiers acquis, de l'aider à consolider son niveau de langue, à apprendre ou réviser son vocabulaire en complétant ses connaissances.

De nombreux thèmes, pour la plupart ludiques (au total 38) sont proposés. La première partie des divers chapitres traitera de thèmes de vocabulaire précis (chiffres, jours, métiers, maison, ville, animaux...), tournant autour d'un vocabulaire de base alors que la deuxième partie (à partir du chapitre 21) sera consacrée plus particulièrement à des points d'orthographe ou de grammaire.

Au total, ce sont plus de 140 jeux qui vous sont proposés tout au long de ces pages avec leurs solutions en fin de livre pour une auto-évaluation personnelle.

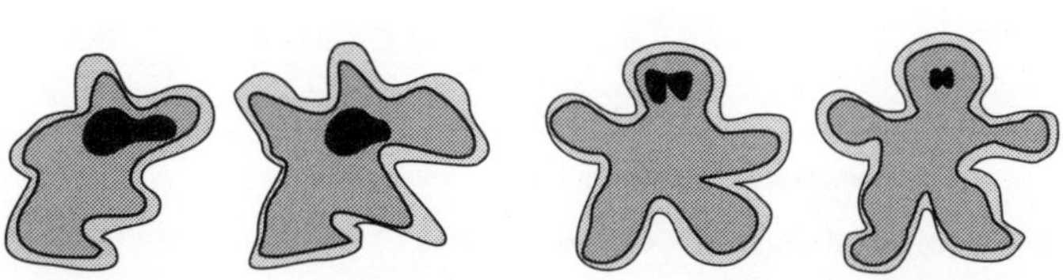

Sommaire

1. JOURS - MOIS - SAISONS

Los días de la semana
Lunes
Martes
Miércoles
Jueves
Viernes
Sábado
Domingo

Los meses del año
Enero
Febrero
Marzo
Abril
Mayo
Junio
Julio
Agosto
Septiembre
Octubre
Noviembre
Diciembre

Las estaciones
La primavera
El verano
El otoño
El invierno

La hora
El minuto
El segundo

División del tiempo
El mes
El trimestre
El semestre

1 Retrouver **les jours de la semaine**.

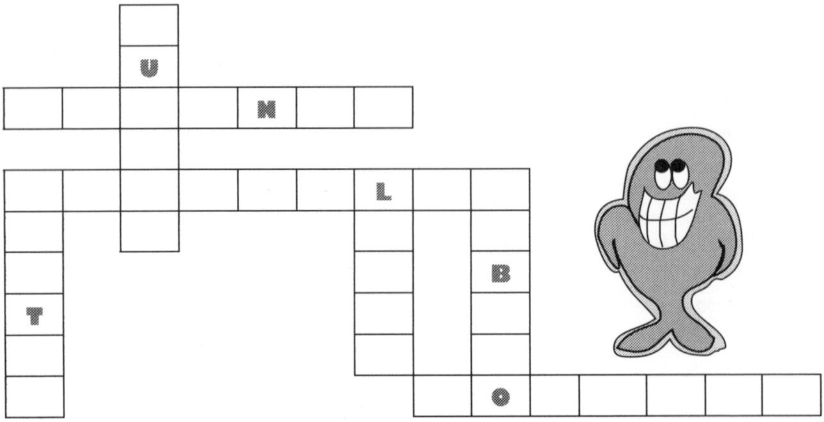

2 **Retrouver 13 mots** dans cette *sopa de letras* : **les 4 saisons et 9 mois**. Les mots peuvent se lire de droite à gauche ou de gauche à droite, de haut en bas ou de bas en haut.

	1	2	3	4	5	6	7	8	9
1	P	R	I	M	A	V	E	R	A
2	E	L	N	O	Ñ	O	T	O	F
3	R	I	V	N	O	Y	A	M	E
4	B	R	I	O	R	E	N	E	B
5	U	B	E	J	U	N	I	O	R
6	T	A	R	O	Z	R	A	M	E
7	C	F	N	O	I	L	U	J	R
8	O	M	O	N	A	R	E	V	O
9	E	R	B	M	E	I	C	I	D

2. COULEURS

① Rechercher **14 noms de couleurs** dans cette *sopa de letras*, de haut en bas, de bas en haut, de droite à gauche et de gauche à droite. Cochez chaque lettre utilisée. Avec les 7 lettres restantes, retrouver une dernière couleur déjà citée.

	1	2	3	4	5	6	7	8	9
1	A	M	A	R	I	L	L	O	A
2	J	N	O	R	G	E	N	A	S
3	N	P	O	N	I	R	A	M	E
4	A	A	B	L	A	N	C	O	U
5	R	R	O	J	O	A	A	R	Q
6	A	D	E	D	R	E	V	A	R
7	N	O	A	S	O	R	N	D	U
8	R	V	I	O	L	A	D	O	T
9	S	I	R	G	J	A	L	I	L

② Compléter le tableau par ordre alphabétique à l'aide des couleurs précédentes et donner la **traduction** en français.

ESPAGNOL	FRANÇAIS
Am	J
Bl	
Gr	G
Li	
Ma	
Mo	
Na	O
Ne	
P	
R	
R	
T	
V	V
V	

3 **Retrouver la couleur** d'après les définitions suivantes.

1) **Simbolizo el sol:** ....

2) **Soy el color del cielo los días de lluvia:** ....

3) **La esmeralda es una piedra preciosa que tiene mi color:** ....

4) **Mi color simboliza la pureza:** ....

5) **Soy el color de la mimosa:** ....

6) **Tengo el color de las castañas y del chocolate:** ....

7) **Soy una florecita símbolo de timidez:** ....

8) **El mar puede tener mi color, entre azul y verde. Soy también una piedra semi preciosa. Mi color es** ....

9) **Soy el color de la esperanza:** ....

10) **Somos los tres colores de la bandera francesa:** ....

11) **Somos los tres colores de la bandera italiana:** ....

12) **Somos los dos colores de la bandera española:** ....

13) **Somos los tres colores de la bandera alemana:** ....

14) **Soy la mezcla del rojo y del blanco:** ....

15) **Soy la mezcla del azul y del amarillo:** ....

16) **Resulto de la mezcla del negro y del blanco:** ....

4 **Compléter par des voyelles** afin de retrouver des noms de couleurs.

E	N	C		R	N		D	
B	E	R	M		L	L		N
C		L		R	A	D		
A	M		R		L	L	O	
T		R	Q			S	A	
A	Z		L		D			
V		O	L		D			
G	R		N		T	E		
C		S	T		Ñ			
N		R		N	J	A		
V		R	D		S			
M		R	A	D				
M		R	R		N			
R		J	I	Z				
B	L		N	C				
C		R	M		N			
N		G	R	O				
V		R	D					
P		R	D					
B		I	G					
R		J						
	Z		L					
R		S						
G	R		S					
L		L						
A	Ñ		L					

5 **Donner les traductions** de ces différents tons de bleu.

Azul celeste	
Azul de cobalto	
Azul de Prusia	
Azul de ultramar	
Azul eléctrico	
Azul marino	

3. NOMBRES

0 - cero
1 - uno
2 - dos
3 - tres
4 - cuatro
5 - cinco
6 - seis
7 - siete
8 - ocho
9 - nueve
10 - diez

11 - once
12 - doce
13 - trece
14 - catorce
15 - quince
16 - dieciséis
17 - diecisiete
18 - dieciocho
19 - diecinueve
20 - veinte

21 - veintiuno
22 - veintidós
23 - veintitrés
24 - veinticuatro
25 - veinticinco
26 - veintiséis
27 - veintisiete
28 - veintiocho
29 - veintinueve
30 - treinta

31 - treinta y uno
32 - treinta y dos...
40 - cuarenta
50 - cincuenta
60 - sesenta
70 - setenta
80 - ochenta
90 - noventa
100 - cien(to)

101 - ciento uno
102 - ciento dos...
140 - ciento cuarenta
163 - ciento sesenta y tres
199 - ciento noventa y nueve

200 - doscientos
300 - trescientos
400 - cuatrocientos
500 - quinientos
600 - seiscientos
700 - setecientos
800 - ochocientos
900 - novecientos
1000 - mil
2000 - dos mil...

1 Compléter les cases vides pour retrouver les **10 premiers nombres**.

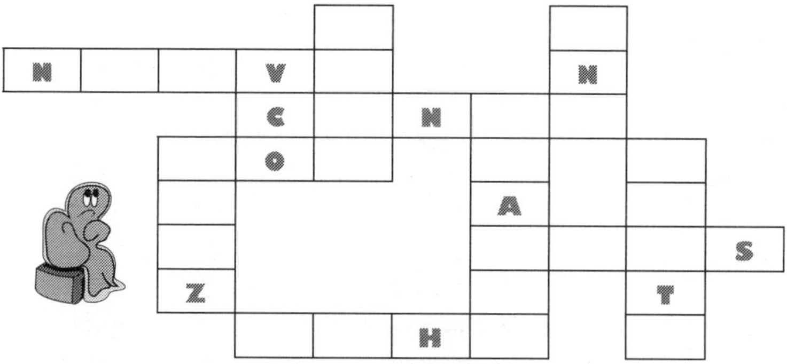

2 Retrouver les **15 premiers nombres** dans cette *sopa de letras*. Vous pouvez lire les mots verticalement ou horizontalement, de haut en bas ou de bas en haut, et de droite à gauche ou de gauche à droite. Une même lettre peut servir deux fois. Toutes les lettres ne seront pas utilisées.

	1	2	3	4	5	6	7	8	9	10	11
1	B	A	N	O	A	D	E	C	E	N	U
2	C	U	A	T	R	O	S	V	O	L	I
3	I	M	Ñ	R	A	S	I	E	T	E	S
4	N	U	R	E	Z	O	L	R	C	V	E
5	C	Q	E	S	E	I	S	O	L	E	U
6	O	N	U	Ñ	C	Q	A	S	I	U	P
7	C	C	A	T	O	R	C	E	C	N	O
8	H	R	O	A	T	R	E	C	E	K	L
9	O	V	E	B	U	A	P	O	E	N	M
10	E	C	N	I	U	Q	I	D	I	E	Z

3 **Les dizaines** : compléter les opérations suivantes en faisant attention au nombre de lettres qui manquent.

8 + 2 = _ _ _ _ (4 lettres)

22 - 2 = _ _ _ _ _ _ (6 lettres)

35 + 5 = _ _ _ _ _ _ _ _ (8 lettres)

29 + 1 = _ _ _ _ _ _ _ (7 lettres)

60 - 10 = _ _ _ _ _ _ _ _ _ (9 lettres)

50 + 50 = _ _ _ _ _ _ (6 lettres)

61 + 9 = _ _ _ _ _ _ _ (7 lettres)

92 - 2 = _ _ _ _ _ _ _ (7 lettres)

51 + 9 = _ _ _ _ _ _ _ (7 lettres)

42 + 38 = _ _ _ _ _ _ _ (7 lettres)

52 + 4 = _ _ _ _ _ _ _ _ _ y _ _ _ _ (13 lettres)

19 + 4 = _ _ _ _ _ _ _ _ _ _ (10 lettres)

11 x 3 = _ _ _ _ _ _ _ y _ _ _ _ (11 lettres)

59 - 2 = _ _ _ _ _ _ _ _ _ y _ _ _ _ _ (14 lettres)

67 + 5 = _ _ _ _ _ _ _ y _ _ _ (10 lettres)

96 - 7 = _ _ _ _ _ _ _ y _ _ _ _ _ (12 lettres)

32 - 10 = _ _ _ _ _ _ _ _ _ (9 lettres)

35 + 9 = _ _ _ _ _ _ y _ _ _ _ _ _ (14 lettres)

4 **Les centaines** : remettre les lettres à leur place pour retrouver toutes les centaines.

1) S - O - I - E - N - D - O - S - C - T : ....

....

2) U - I - S - O - Q - T - I - N - N - E : ....

....

3) S - O - C - O - H - T - O - C - N - E - I : ....

....

4) T - S - O - T - E - S - C - R - N - I - E : ....

....

5) E - S - O - T - N - E - I - S - S - I - C : ....

....

6) T - A - U - C - R - O - C - I - E - N - S - O - T : ....

....

7) S - O - T - N - E - I - C - E - V - N - O : ....

....

8) T - E - E - C - S - S - N - T - I - E - O : ....

....

5 Retrouver **17 nombres** dans cette *sopa de letras.* Vous pouvez rencontrer plusieurs fois les mêmes chiffres. **Toutes les lettres doivent être utilisées.** Vous pouvez lire les mots verticalement ou horizontalement, de haut en bas ou de bas en haut, et de droite à gauche ou de gauche à droite. Il n'y a pas de chiffre en diagonale.

	1	2	3	4	5	6	7	8	9
1	A	T	N	E	S	E	S	D	S
2	T	R	E	C	E	C	N	O	I
3	N	E	C	N	I	U	Q	S	E
4	E	S	I	D	O	E	T	E	S
5	R	I	N	O	C	C	R	T	I
6	A	E	C	C	H	O	E	N	C
7	U	T	O	E	O	D	S	I	E
8	C	E	T	N	I	E	V	E	I
9	A	T	N	E	H	C	O	V	D

6 Chaque mot comporte **3 lettres en trop**. Les supprimer afin de retrouver le nombre cherché compris entre 1 et 20.

1) **P-A-V-E-L-I-N-T-E:** ....
2) **C-H-I-N-O-C-O-L:** ....
3) **S-I-N-E-L-T-E-R:** ....
4) **R-A-D-I-N-E-Z:** ....
5) **D-O-N-A-C-E-L:** ....
6) **C-U-D-A-T-U-R-O-R:** ....
7) **T-A-R-E-S-A-N:** ....
8) **S-E-M-E-I-N-S:** ....
9) **M-A-D-O-S-E:** ....
10) **C-A-N-T-R-O-R-E-C-E:** ....
11) **D-O-C-H-A-R-O:** ....
12) **R-E-Q-U-I-N-A-C-E:** ....
13) **L-U-N-T-O-R:** ....
14) **N-U-B-E-V-A-L-E:** ....
15) **M-I-D-O-C-L-E:** ....
16) **I-T-A-R-E-C-L-E:** ....

4. VILLE

① Dans la *sopa de letras*, chercher **10 mots** qui vous serviront à retrouver les éléments du jeu suivant. Vous pourrez trouver les mots horizontalement, verticalement, de gauche à droite, de droite à gauche, de haut en bas ou de bas en haut. Il y a également 2 mots à retrouver en diagonale.

	1	2	3	4	5	6	7	8	9
1	C	T	E	U	Q	R	A	P	C
2	A	O	Ñ	F	U	A	H	A	H
3	I	D	C	O	F	E	L	N	I
4	S	A	J	H	U	L	I	O	M
5	E	C	C	O	E	R	A	T	E
6	L	R	A	T	N	E	M	A	N
7	G	E	R	E	T	O	P	E	E
8	I	M	U	L	E	S	I	P	A
9	S	E	M	A	F	O	R	O	B

② Les lettres des mots suivants sont mélangées. Les remettre dans le bon ordre pour retrouver des éléments de la ville.

1) **A - L - E - C - L = La** ....
2) **U - N - F - E - E - T = La** ....
3) **O - R - E - S - A - M - F - O = El** ....
4) **P - A - N - E - O - T = El** ....
5) **O - D - R - A - M - E - C = El** ....
6) **H - C - I - A - E - N - M - E = La** ....
7) **L - E - T - H - O = El** ....
8) **Q - P - R - A - E - U = El** ....
9) **I - L - A - I - G - E - S = La** ....
10) **E - H - C - C - O = El** ....

3 Retrouver **8 magasins ou édifices** en complétant les lettres manquantes (la plupart sont des voyelles).

4 Remettre les syllabes dans le bon ordre pour trouver des professions courantes de la ville en rapport avec des magasins, les classer par ordre alphabétique dans le tableau suivant et en donner la traduction.

1) **DOR - VEN - DE :** ....

2) **DE - RO - NA - PA :** ....

3) **MA - RO - CA - RE :** ....

4) **QUE - RO - BAN :** ....

5) **DE - RO - CA - PES :** ....

6) **TE - PAS - RO - LE :** ....

7) **YE - RO - JO :** ....

ESPAGNOL	FRANÇAIS

5 Dans la *sopa de letras*, retrouver **10 mots**. Tous les éléments se rencontrent dans une ville. Vous pourrez trouver ces mots horizontalement, verticalement, de gauche à droite, de droite à gauche, de haut en bas ou de bas en haut. Il y a également deux mots en diagonale.

	1	2	3	4	5	6	7	8	9
1	C	H	A	R	E	C	A	N	O
2	A	O	B	A	E	Z	R	T	A
3	L	T	C	I	Z	E	B	O	U
4	L	E	I	H	A	A	O	P	T
5	E	L	N	O	E	N	L	Ñ	O
6	A	V	E	N	I	D	A	P	B
7	N	O	I	C	A	T	S	E	U
8	A	U	M	U	S	E	O	G	S
9	A	I	R	E	T	E	F	A	C

5. MAISON

① Remplacer les **cases vides** par des **voyelles** et vous trouverez des objets ayant leur place dans une maison ou des éléments faisant partie de cette maison.

S		L	L	
P		R		D
T		C	H	
M		N	T	
H		R	N	
G	R		F	
C		J		N
	R		Ñ	

② Retrouver **11 pièces de la maison** dans cette *sopa de letras*. Les mots peuvent se lire de haut en bas, de bas en haut, de gauche à droite ou de droite à gauche. Il y a également un mot en diagonale.

	1	2	3	4	5	6	7	8	9	10
1	N	O	I	C	A	T	I	B	A	H
2	A	N	I	C	O	C	D	O	S	S
3	N	O	U	N	X	O	E	Z	E	O
4	U	I	T	O	M	Y	S	A	R	U
5	T	T	H	L	O	Ñ	V	G	V	R
6	G	A	R	A	J	E	A	U	I	T
7	O	P	A	S	L	A	N	A	C	S
8	R	A	Ñ	U	V	L	A	N	I	O
9	V	E	S	T	I	B	U	L	O	Ñ
10	P	L	I	O	N	A	T	O	S	I

3 ***Cocina* : compléter les phrases suivantes** en utilisant les mots du tableau et donner la traduction en français. Attention, il y a répétition d'un élément.

Botella	
Cuchara	
Cucharita	
Cucharón	
Cuchillo	
Mesa	
Mantel	
Pimienta	
Plato	
Sal	
Servilleta	
Sopera	
Tenedor	
Vaso	

Vamos a aprender a poner la .... correctamente. Primero, para protegerla escojo un .... con flores. Después hay que tomar un .... para poder depositar los alimentos. A la derecha pongo el .... que sirve para cortar los alimentos y la .... A la izquierda, dispongo un .... Entre el .... que sirve para los alimentos y el .... que se utiliza para beber, pongo la .... para el postre. Como es la cena, traigo la .... con el .... para servir la sopa. Hay que añadir para terminar una .... de vino y otra de agua. También .... y .... para mejorar el sabor de los platos y una ...., con flores también, para evitar las manchas. Ahora ¡A comer!

6. NOURRITURE

1 Retrouver **8 aliments** en remettant les lettres dans l'ordre et en vous aidant des dessins.

1) **E - E - H - C - L**

2) **Z - N - A - A - O - I - H - R - A**

3) **O - O - L - L - P**

4) **N - P - A**

5) **U - O - E - V - H**

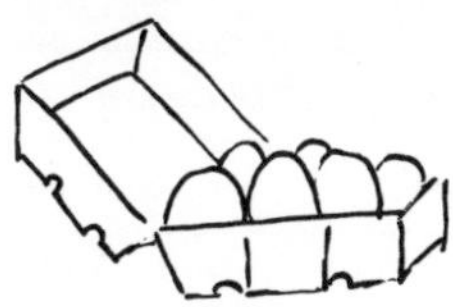

6) **E - S - C - O - P - D - A**

7) **Z - Í - M - A**

8) **E - C - H - T - O - O - C - A - L**

2 **Relier les mots entre eux** suivant le sens et les classer dans le tableau suivant en les mettant, dans la première grille par ordre alphabétique.

CHAMPÁN
CAFÉ
SOPA
SENTARSE
COMER
BEBER
CORTAR
MANCHA
CALOR
TÉ
CARNE
VINO

HELADO
FIESTA
AZÚCAR
CUCHARA
SERVILLETA
CUCHILLO
SILLA
VASO
PLATO
CUCHILLO
TINTO
TACITA

3 Retrouver des **éléments de nourriture** (fruits, légumes etc.) suivants en remplaçant les **cases vides** par des **voyelles**.

	L	C		C	H		F	
	L	B		N	D		G	
M		M	B	R		L	L	
M		J		L	L		N
	N	S		L		D	
G		R	B		N	Z	
P		M			N	T	
C	H		R		Z	
P		T		T	
P			L	L	
M		L		N
T	R		F	
C		R	N	
N			Z
P		N

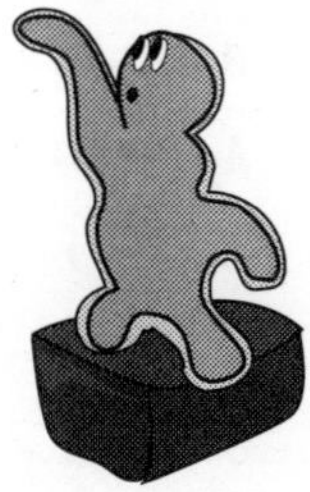

4 Compléter le tableau suivant.

FRANÇAIS	ESPAGNOL
Artichaut	
Boulette de viande	
	Chorizo
Coing	
Melon	
Moule	
Noix	
	Paella
Pain	
Pois chiche	
Poivron	
Pomme de terre	
Salade	
Truffe	
Viande	

5 Chaque mot comporte **3 lettres en trop**. Les supprimer afin de retrouver le mot cherché en rapport avec la nourriture.

1) **O - P - A - L - I - N :** ....
2) **L - I - V - I - E - N - O :** ....
3) **M - A - S - A - L - U :** ....
4) **M - E - N - S - I - A - L - A - N - D - A :** ....
5) **P - E - S - I - C - A - N - U - D - O :** ....
6) **C - H - A - R - I - N - E - L :** ....
7) **T - H - U - N - E - V - O - S - E :** ....
8) **R - E - P - A - S - U - T - A :** ....
9) **Q - U - E - N - I - S - O - R :** ....
10) **N - A - R - G - U - L - A :** ....
11) **B - A - R - I - R - O - Z - A :** ....
12) **A - M - A - N - I - Z - A - N - T - A :** ....
13) **T - Ó - M - E - L - R - O - N :** ....
14) **M - A - C - H - O - R - I - N - Z - O :** ....
15) **C - H - E - L - A - D - O - B - A :** ....
16) **L - I - S - A - N - U - G - R - Í - A :** ....
17) **M - O - P - A - T - A - T - H - A :** ....
18) **R - I - F - R - E - N - S - A :** ....

6 Retrouver **6 fruits** en remettant les lettres dans l'ordre et en vous aidant des dessins ci-dessous.

1) **P - E - A - R**

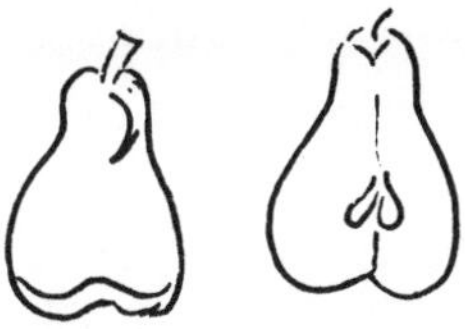

2) **A - A - M - N - Z - N - A**

3) **A - E - R - F - S**

4) **N - Ó - M - L - E**

5) **A - I - P - Ñ**

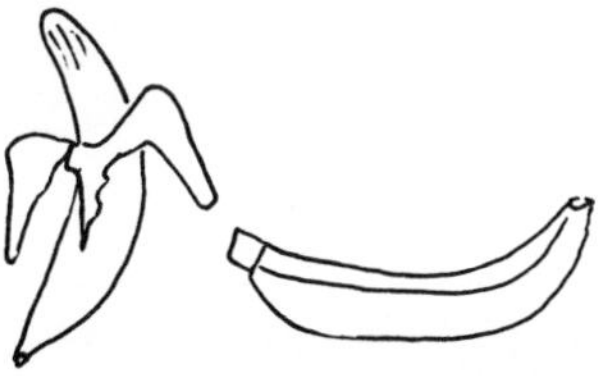

6) **O - N - Á - A - T - P - L**

7. BOISSON

1 Retrouver ces boissons en remettant les syllabes dans l'ordre et en vous aidant des définitions.

CHE - FE - TE - CHAM -VI - LE - LA - QUI - CA - TÉ - GUA - A - NO - PÁN

1) **Soy blanca y puedo venir de la vaca o de la cabra:** ....

....

2) **Los franceses suelen beberme por la mañana o después de la comida:** ....

....

3) **Soy la bebida nacional inglesa:** ....

....

4) **Cuando hay una fiesta, siempre estoy aquí para terminar las comidas y acompañar un pastel:** ....

....

5) **Puedo ser tinto, blanco o clarete:** ....

....

6) **Soy mineral con o sin gas:** ....

....

7) **Podrás beberme en México:** ....

....

2 Compléter le tableau suivant.

FRANÇAIS	ESPAGNOL
Bière	
Café	
Cidre	
Citronnade	
Champagne	
Cocktail	
Cognac	
Eau	
Lait	

Limonade	
Orangeade	
Soda	
Thé	
Vin	
	Tinto

3) Retrouver dans la *sopa de letras* suivant **14 éléments** qui sont tous des boissons. Les mots peuvent se trouver horizontalement, verticalement, en diagonale, de gauche à droite, de droite à gauche, de bas en haut ou de haut en bas.

	1	2	3	4	5	6	7	8	9
1	C	E	R	V	E	Z	A	R	A
2	V	A	T	I	N	T	O	G	D
3	I	D	F	O	C	E	U	A	A
4	N	O	A	E	H	A	C	S	N
5	O	S	I	D	R	A	A	E	O
6	E	H	C	E	L	U	Ñ	O	M
7	G	O	B	Ñ	I	E	O	S	I
8	N	A	P	M	A	H	C	A	L
9	A	D	A	J	N	A	R	A	N

4) Remettre **les lettres dans l'ordre** pour trouver 8 boissons (5 boissons non alcoolisées et 3 boissons alcoolisées).

1) G - A - A - U : ....

2) A - D - R - I -S : ....

3) A - L - O - C - C - O - A - C : ....

4) L - I - A - D - A - N - M - O : ....

5) J - Z - E - E - R: ....

6) A - S - O - E - S - A - G : ....

7) I - T - A - S - A - N : ....

8) Y - W - H - K - S - I : ....

5 Faire un tableau en classant les mots suivants par colonne, suivant qu'ils se consomment **froids** (ou à température normale) ou **chauds**. Certains éléments peuvent se retrouver dans les deux colonnes.

CERVEZA - SODA - VINO - CHOCOLATE - WHISKY - TEQUILA - LECHE - LIMONADA - AGUA - NARANJADA - SIDRA - COÑAC - SIDRA - CAFÉ - TÉ - TISANA - CAFÉ CON LECHE - SANGRÍA - CHAMPÁN - COCA COLA

FROID	CHAUD

8. AU RESTAURANT

1 **Compléter les phrases** en utilisant la liste de mots suivante (certains mots peuvent être employés à plusieurs reprises).

AGUA CON GAS - PROPINA - POSTRE - VINO - BEBIDA - AGUA SIN GAS - PRIMER PLATO - CARTA - MENÚ - MESA - SERVIR - PESCADO - CUENTA - CARNE - PERSONAS - RESTAURANTE - « MAITRE D'HOTEL » - CENAR - CAMARERO - APERITIVO

Para el cumpleaños de Carmen, toda la familia Ramirez decide ir al .... para .... En la puerta del establecimiento muy famoso, espera el .... que recibe a la familia.

– Buenas noches. Deseamos una .... para cuatro ....

– Buenas noches y bienvenida. ¿Desean ustedes una .... en la parte fumadores o no fumadores? El .... va a llegar en seguida.

– Nos sentamos en la parte no fumadores. Primero, tomaremos un ....: Un Jerez para todos.

– ¿Los señores van a comer a la .... o prefieren escoger el ....?

– Tomaremos un ....

– ¿Y como ....?

– Recomiendo un .... de Rioja excelente. Y para los niños, ¿quieren .... o ....?

Los Ramirez escogen el .... y después todos toman un .... mientras que Carmen prefiere comer ....: un solomillo de vaca asado. El .... empieza a .... muy rápidamente. Todos están muy contentos y como .... toman una tarta de cumpleaños con chantillí. A fines de tan buena comida, piden la .... y dejan una buena .... antes de salir del .... y de volver a casa.

2 Retrouver dans cette *sopa de letras* **13 verbes**. Les mots peuvent se lire verticalement ou horizontalement, de haut en bas ou de bas en haut, et de droite à gauche ou de gauche à droite. Il n'y a pas de verbes en diagonale.

	1	2	3	4	5	6	7	8	9
1	R	A	N	I	C	O	C	R	P
2	I	T	R	A	G	A	R	E	A
3	V	O	R	I	D	E	P	M	G
4	R	P	R	O	B	A	R	O	A
5	E	N	T	R	A	R	E	C	R
6	S	R	A	T	R	O	C	I	E
7	R	E	S	E	R	V	A	R	B
8	R	A	E	D	A	L	A	P	E
9	S	E	N	T	A	R	S	E	B

3 Remettre les **lettres dans le bon ordre** afin de retrouver des éléments prenant place sur une table de restaurant.

1) **L - T - N - M - V - S - L - A - A - A - E :** ....

2) **N - P - A :** ....

3) **S - V - R - T - L - A - L - E - I - E :** ....

4) **O - T - A - L - P :** ....

5) **O - I - U - L - L - C - C - H :** ....

6) **C - A - H - R - U - C - A :** ....

7) **R - O - D - E - T - E - N :** ....

8) **O - S - V - A :** ....

9. COURRIER

1 **Regrouper les syllabes** qui ont été séparées pour former des mots correspondant aux traductions françaises du tableau.

1) BI - CA - FÓ - CA - NI - LE - TE - NA
2) PE - CIÓN - DI - EX
3) LA - CO
4) NI - VEN - LLA - TA
5) RO - NÚ - ME
6) TE - QUE - PA
7) SO - PE
8) MA - TE - LE - GRA
9) NO - LÉ - FO - TE
10) GEN - UR - TE

Cabine téléphonique	CA
Expédition	
File	CO
Guichet	VEN
Numéro	
Paquet	
Poids	
Télégramme	
Téléphone	TE
Urgent	

2 En utilisant tous les mots du tableau, **compléter le texte** qui suit et ensuite **donner les traductions** en français. Certains mots sont employés plusieurs fois.

ESPAGNOL	FRANÇAIS
Arriba	
Boli	
Carta	
Código postal	
Derecha	
Dirección	
Echar al correo	
Enviar	
Escribir	
Hoja	
Pegar	
Redactar	
Sello	
Señas	
Sobre	

Tengo que .... a Carmen y enviarle una foto de nuestras últimas vacaciones. Primero, tengo que tomar una .... de papel y un .... para poder .... mi .... Terminada la redacción, pongo la .... en un .... y escribo la .... con el apellido y el nombre. Tengo que .... un .... a la .... Termino escribiendo abajo el .... de la ciudad. No olvido escribir mis propias .... al dorso .... del y .... para .... mi ...., salgo para ir a .... la a ....

10. CORPS

X

1 **Retrouver la traduction** espagnole ou française des parties du corps se trouvant dans la liste ci-dessous et les classer par ordre alphabétique en français dans la colonne qui correspond au nombre.

POIGNET - BRAS - COUDE - PIED - TRONC - DENT - *MUÑECA* - *DEDO DEL PIE* - JAMBE - *LABIO* - BOUCHE - NEZ - *CABEZA* - DOIGT - VERTÈBRE - CŒUR - POUMON

FRANÇAIS	ESPAGNOL	NOMBRE
		1
		1
		1
		1
		1
		2
		2
		2
		2
		2
		2
		2
		2
		10
		10
		32
		33

2 Compléter les cases vides pour trouver des parties du **corps humain**. Vous trouverez de nombreuses articulations.

				C		E			O	
				U	Ñ			A		
			D	E						
				R		D				A
				P						
P				O			I		L	

3 **Retrouver l'élément du corps humain** d'après la définition ou l'explication suivante.

1) Me encuentro en medio del brazo. Soy una articulación: El ....
....

2) Uno la cabeza con el cuerpo: El ....

3) La mano tiene cinco: Los ....

4) Cada dedo tiene dos o tres: El ....

5) Los utilizamos para andar: Los ....

6) Se llaman también miembros superiores: Los ....

7) Son los miembros inferiores: Las ....

8) Servimos para sostener el cuerpo: La ....

9) Terminan los dedos, son las ....

10) Soy la parte superior de la pierna: El ....

4 Compléter les cases restantes par des **voyelles** pour retrouver des éléments formant le **corps humain**.

			C		B		Z	A	
		M	U	S	C		L		
	V		E	N	T	R			
			R		D		L	L	
			P						
		R	O	S	T	R			
			H			S			
		M	U	S	L				
			M		N				
	B	R	A	Z					
F	R		N	T					
P		L	O						

5 **Deviner la partie du corps humain** d'après les explications ou définitions.

1) **El esqueleto se compone de** ....

2) **Podemos ver gracias a los** ....

3) **Nos permite hablar:** ....

4) **Comporta 5 dedos:** ....

5) **Los utilizamos para andar:** ....

6) **Pueden ser rubios, negros o castaños:** ....

7) **Reune la cabeza con el tronco:** ....

8) **Articulación que une la mano con el antebrazo:** ....

9) **Circula por todo el cuerpo. Es roja:** ....

10) **Termina cada dedo:** ....

11. VISAGE

1 **Deviner les parties du visage** d'après les éléments suivants.

1) Formamos la parte exterior de la boca: ....
2) Estamos encima de los ojos: ....
3) Me encuentras en medio de la cara: ....
4) La utilizamos para hablar: ....
5) Es la parte inferior de la cara: ....
6) Vienen delante de los ojos para protegerlos: ....
7) Los utilizamos para comer: ....
8) Sirven para oír y escuchar: ....
9) Parte importante situada entre los cabellos y los ojos: ....
....
10) Sinónimo de los cabellos: ....

2 **Remettre les voyelles dans le bon ordre** pour former des parties du visage.

1) E - A - C - J : ....
2) A - I - N - R - Z : ....
3) G - N - L - A - U - E : ....
4) O - I - A - L - B : ....
5) E - T - E - N - R - F : ....
6) P - P - R - D - O - A - A : ....
7) O - A - B - C : ....
8) A - E - I - J - L - M - L : ....
9) J - O - O : ....
10) Ñ - P - T - S - E - S - A - A : ....

③ Retrouver les **10 parties du visage** en complétant les cases vides par des **voyelles**. Tous les mots se lisent de haut en bas ou de gauche à droite sauf deux qui se lisent à l'envers.

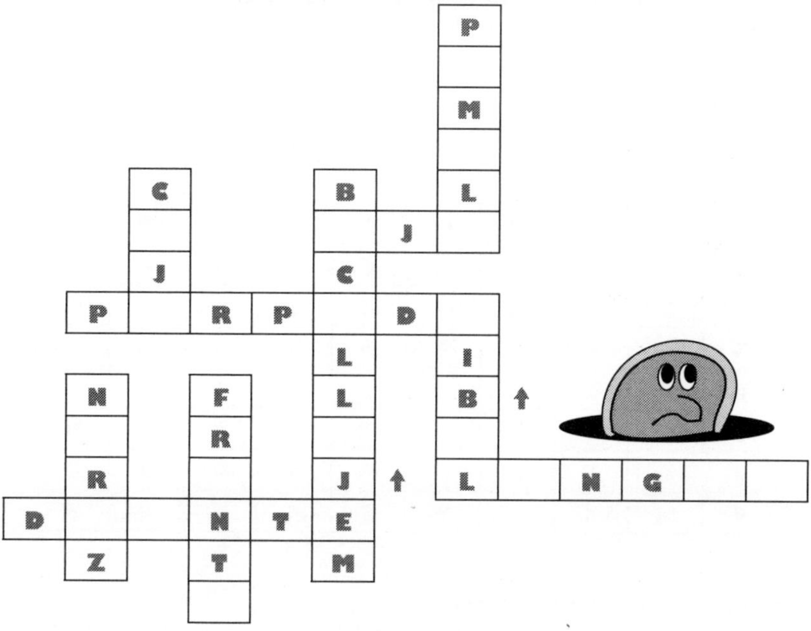

④ Retrouver **la partie du visage** qui correspond au verbe (on peut trouver plusieurs fois le même organe).

1) **OIR :** ....

2) **OLER :** ....

3) **PALADEAR :** ....

4) **MIRAR :** ....

5) **RESPIRAR :** ....

6) **ESCUCHAR :** ....

7) **HABLAR :** ....

8) **OBSERVAR :** ....

12. DESCRIPTION PHYSIQUE

1 Retrouver dans la *sopa de letras* suivante **15 adjectifs** qui vous serviront à compléter le tableau ci-dessous (l'un se trouve à la fois au masculin et au féminin).

	1	2	3	4	5	6	7	8	9
1	O	J	O	R	R	I	L	E	P
2	Ñ	A	D	M	O	R	E	N	O
3	A	C	A	L	V	O	R	I	C
4	T	O	Z	O	R	D	U	B	A
5	S	R	I	T	A	R	B	A	L
6	A	T	R	L	E	O	I	J	F
7	C	O	L	A	R	G	O	O	H
8	D	E	L	G	A	D	O	Ñ	C
9	M	I	O	P	E	A	J	A	B

2 Vocabulaire à **compléter**.

FRANÇAIS	ESPAGNOL
Blond	
Brun	
Châtain	
Chauve	
Court	
Frisé	
Gros	
Grand	
Long	
Maigre	
Mince	
Myope	
Petit	
Rouquin	

3) **Donner le contraire** des adjectifs suivants.

Alto	
Moreno	
Inteligente	
Elegante	
Antipático	
Delgado	
Pelo rizado	Pelo
Pelo corto	Pelo

4) Retrouver dans ces **syllabes mélangées 5 adjectifs de couleurs de cheveux**.

BIO - CAS - ÑO - NE - CO - RU - TA - MO - BLAN - GRO -NO - RE

5) Retrouver dans ces **lettres mélangées 3 adjectifs de couleurs d'yeux** (ils sont tous au pluriel).

1) E - E - D - R - S - V = ...

2) S - L - Z - E - A - U = ...

3) E - O - S - R - G - N = ...

13. ANIMAUX

① **Compléter les cases manquantes** pour retrouver le nom des animaux. Les dessins ci-dessous vont vous aider.

D	R				D				O
P		N					O		
L					T	O			
C				L	L				
C						L			
G		L	L						
C				L	L				
J					A				

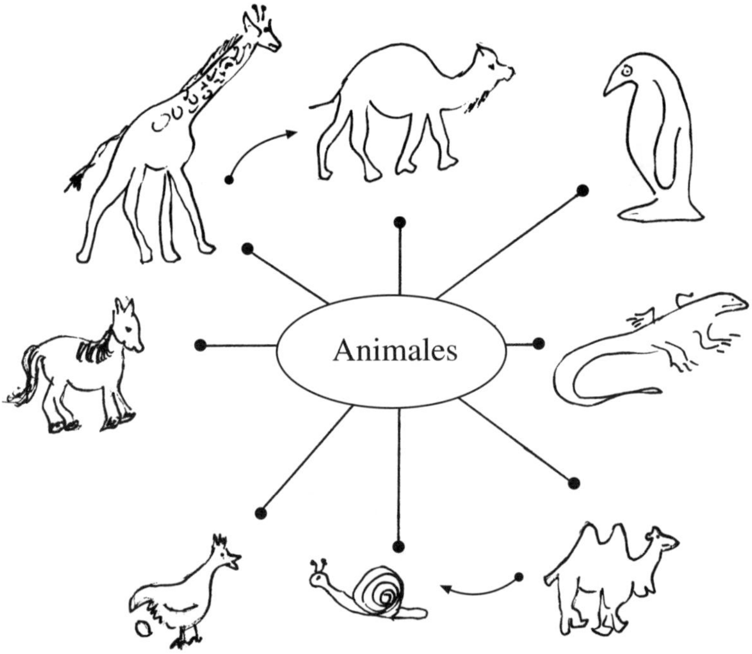

2 Retrouver les animaux suivants en remplaçant les cases vides par des **voyelles**.

R		N		C		R		N	T	
H		P		P		T		M		
G		L		N	D	R		N		
D	R		M		D		R			
	S	C		R	P			N		
P		P		G		Y				
C		R	M		R		N			
C		G			Ñ					
P		N	T		R					
G		S		N						
C		S	T		R					
	V		J							
P		T		N						
L		B								
P		T								
S		P								
	S									

3) En utilisant l'exercice précédent, **compléter le tableau** en traduisant les noms d'animaux.

FRANÇAIS	ESPAGNOL
Brebis	
Canard	
Castor	
Cigogne	
Cormoran	
Crapaud	
Dromadaire	
Hippopotame	
Hirondelle	
Loup	
Ours	
Panthère	
Perroquet	
Python	
Rhinocéros	
Scorpion	
Ver	

4) **Deviner l'animal** d'après les définitions.

1) Soy el compañero más fiel del hombre: el ....

....

2) Se dice que soy el rey de los animales: el ....

....

3) Vivo en Africa y mi cuello es muy largo. Soy la ....

....

4) Soy el símbolo de la paz: la ....

5) Vivo en Africa y dicen los niños pequeños que nunca me quito el pijama: soy la ....

....

6) Soy gris, enorme y tengo una trompa. Soy el ....

....

7) **Vivo con los humanos, me gusta mucho dormir pero se dice que me gusta también la libertad: el** ....

8) **Soy el mamífero más grueso que vive en el mar: la** ....
....

9) **Soy un pájaro. Canto muy bien: el** ....

10) **Puedo repetir lo que dicen los humanos: el** ....

5) Retrouver **12 animaux** dans la *sopa de letras*. Ils peuvent se lire de gauche à droite ou de droite à gauche, de haut en bas ou de bas en haut. Il n'y a aucun mot en diagonale. Toutes les lettres sont utilisées.

	1	2	3	4	5	6	7	8	9
1	F	L	A	M	E	N	C	O	E
2	O	Y	A	G	A	P	A	P	S
3	O	N	A	R	O	M	R	O	C
4	R	P	I	N	T	A	D	A	O
5	U	O	N	A	S	U	G	M	R
6	G	A	V	I	O	T	A	O	P
7	N	G	O	R	I	L	A	L	I
8	A	L	I	E	B	R	E	A	O
9	C	A	R	E	T	N	A	P	N

6 Avec l'aide des **dessins**, retrouver les noms d'**animaux qui vivent dans la mer**.

1	**El**	**P**				**O**

2	**Los**	**P**			**E**	**S**

3	**El**	**E**					**de**		

4	**La**	**B**						**A**

5	**La**	**M**					**A**

6	**La**	**O**					**A**

7	**El**	**D**					**N**

1)

5)

2)

3)

7)

6)

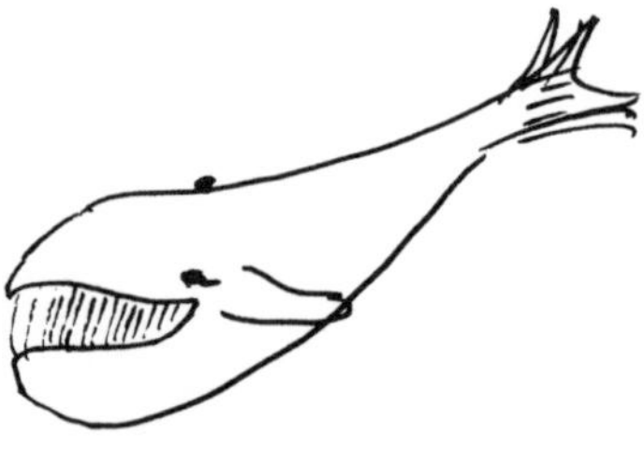
4)

14. MATIÈRES

① Compléter les **consonnes** pour retrouver les **matières** enseignées.

	A		E		Á		I		A	
	I		O		O		Í	A		
	E	O			A		Í	A		
	I			O		I	A			
I		A		I	A		O			
E		O		O		Í	A			
	U	Í		I		A				
	E		E			O				
		A			É					
A			E			A				
A		E		Á						
	Í		I		A					
	A		Í							

② Remettre les **syllabes dans le bon ordre** afin de retrouver 6 matières puis les mettre dans le tableau suivant par ordre alphabétique.

LI - GE - TE - TU - RA - AL - MÁN - RIA - IN - BRA - RA - GLÉS - LE - TÍN - LA - TO - HIS - A

ASIGNATURAS
H
L
L

3 Compléter le tableau en donnant **les traductions**.

FRANÇAIS	ESPAGNOL
Algèbre	
Allemand	
Anglais	
Chimie	
Droit	
Économie	
Français	
Géographie	
Géométrie	
Grammaire	
Grec	
Histoire	
Italien	
Latin	
Littérature	
Mathématiques	
Philosophie	
Physique	
Sciences naturelles	
Sciences de la vie et de la terre	

4 Retrouver les **matières** en vous aidant des **dessins**.

1) ....

2) ....

$\pi (a+x)^2 \sqrt{3}$

3) ....

5 Retrouver la **matière** en complétant les phrases ci-dessous.

1) **Si el profe te pide la fecha de una batalla, estás en el curso de ....**

2) **Los textos de Cervantes y de Lope de Vega se estudian en clase de ....**

3) **Podemos pintar y dibujar en ....**

4) **Si hablamos de ríos, montes, temperaturas, climas y capitales, estamos en clase de ....**

5) **¿Oyes? 24 + 51 = 75. Es la clase de .... o de ....**

6) **Los textos de Shakespeare se estudian y se traducen en clase de ....**

7) **.. y .... son dos lenguas muertas.**

8) **Durante los cursos, el profesor puede hacer experiencias en .... o también en ....**

9) **En .... adiós se dice "ciao".**

10) **Si reflexionas sobre los principios fundamentales del pensamiento, es que estás en clase de ....**

11) **Si practicas el tenis, la gimnasia o el voleibol estás en clase de ....**

15. FAMILLE

1 Remplacer les cases vides par des **voyelles**. Tous les noms se lisent de gauche à droite.

			M					
			A	B			L	
	P		D	R				
S		B	R		N			
		H	E	R	M		N	

2 Que sont ces personnes pour moi ? **Retrouver le mot d'après la définition.**

1) **El padre de mi madre:** ....

2) **El hijo de mi tía:** ....

3) **La hermana de mi padre:** ....

4) **La hija de mi abuela:** ....

5) **Los padres de mis primos:** ....

6) **Mis padres tienen 2 hijos: Yo y mi** ....

7) **La esposa de mi padre:** ....

8) **Para mi abuela soy su** ....

9) **El padre y la madre de mis padres son mis** ....

10) **El hermano y la hermana de mi madre son mis** ....

3) Retrouver dans cette *sopa de letras* **11 mots** appartenant au **vocabulaire de la famille**. Les mots peuvent se lire de gauche à droite, de droite à gauche, de haut en bas et de bas en haut. Il n'y a aucun mot en diagonale. Lorsque tous les mots auront été trouvés, il restera 4 lettres qui vous serviront à former un douzième mot.

	1	2	3	4	5	6	7	8	9
1	O	L	E	U	B	A	S	I	B
2	E	A	H	E	R	M	A	N	O
3	R	B	I	P	R	I	M	O	S
4	D	U	J	T	O	T	E	I	N
5	A	E	O	S	U	E	G	R	O
6	P	L	S	O	B	R	I	N	A
7	I	A	S	O	O	N	R	E	Y
8	P	A	R	I	E	N	T	E	S

4) Retrouver des mots sur le thème de la famille en complétant les cases vides par des consonnes.

H	E			A		O
S	O			I		O

P	A			E
	I	E		O
P		I		O
	A	D		E

H	I		O

16. MÉTIERS

1 Retrouver les **voyelles manquantes** dans cette liste de professions. Pour vous aider, la dernière lettre est toujours identique.

C		R		J		N	
P		N		D		R	
C		R	T		R		
M			S	T	R		
P		L		T			
M		S		C			
	B	R		R			
T		R		R			
M		D		L			
M		N		R			

2 Deviner la **profession** d'après l'activité.

1) **Yo vendo el pan. Soy** ....

2) **Reparo los lavabos. Soy** ....

3) **Vendo la carne. Soy** ....

4) **Vendo las flores. Soy** ....

5) **Vendo las medicinas: Soy** ....

6) **Atiendo a los pasajeros en un avión. Soy** ....

7) **Enseño en el instituto. Soy** ....

8) **Conduzco un fórmula uno. Soy** ....

9) **Me ocupo de los animales y los curo. Soy** ....

10) **Me ocupo de las plantas del jardín. Soy** ....

3 Retrouver les **consonnes** manquantes pour former des **professions** (pour vous aider, la dernière voyelle est identique dans les 8 premiers mots).

	O		T	A		E		
	A	R		I		E		
P	A			E		E		
	E		U		U	E	R	
	A	R		I		E		
E		F	E			E		
	E		C	A		E		
R	E		O			E		
	O			U	R	E	R	A
A		I		U	L		O	R
C	A			E	S	I		O

17. SPORTS

1 **Traduire en espagnol** la série de **sports** suivants.

FRANÇAIS	ESPAGNOL
Athlétisme	
Aviron	
Basket-ball	
Bobsleigh	
Boxe	
Cyclisme	
Escalade	
Escrime	
Football	
Golf	
Gymnastique	
Hockey	
Javelot	
Judo	
Karaté	
Natation	
Pêche	
Pêche sous-marine	
Plongée	
Rafting	
Rugby	
Saut à la perche	
Saut en hauteur	
Saut en longueur	
Ski	
Ski nautique	
Tennis	
Le triple saut	
Voile	
Volley-ball	
Water-polo	
Windsurf	

2 Rechercher les **consonnes** qui manquent dans le tableau suivant pour retrouver **onze sports**.

E			A		A		A
	A		A		I	Ő	
	I			A		I	A
E				I		A	
	Ú			O			
	Á		A		E		
	U			Y			
	E			A			
Y	U		O				
	E		A				
	O						

3 **Deviner le sport** dont il est question d'après les définitions ou explications suivantes.

1) **Necesita una alfombra verde con 18 hoyos: El ....**
2) **En la montaña, para ir hasta la cima: ....**
3) **Se practica en un torrente o en cursos rápidos de agua con balsas neumáticas, remo y casco: El ....**
4) **Deporte que puedes practicar en piscina o en el mar: La ....**
...
5) **Deporte de combate que utiliza guantes de cuero: El ....**
...
6) **Deporte que se practica con 2 o 4 jugadores. Utiliza una raqueta, una pelota y una red: ....**
7) **Deporte que se disputa entre 2 equipos de 6 jugadores, lanzando un balón que se golpea con la mano, por encima de una red: ....**
...

4 Retrouver les **sports** suivants d'après les **dessins**.

1)

2)

3)

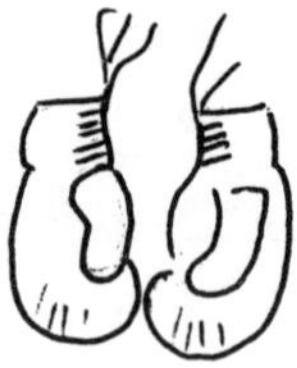
4)

5)

1) ....

2) ....

3) ....

4) ....

5) ....

18. MOYENS DE TRANSPORT

1. Retrouver les **consonnes** de ces modes de locomotion.

	E		I		Ó			E		O
	I			O		O		O		
	I		I			E	T	A		
A	U		O		A					
A	U		O		Ú					
	A		I	Ó						

2. Retrouver les **voyelles** de ces modes de locomotion.

B		R	C	
C		C	H	
	V			N
M		T	R	
V		S	P	
C		N		

3. **Compléter le tableau** ci-dessous en utilisant les 2 exercices précédents, en suivant l'ordre alphabétique en espagnol, et en donnant les traductions françaises.

ESPAGNOL	FRANÇAIS
Au	Au
Au	Au
B	
C	
M	M
V	V

4 En remplaçant les cases vides par des voyelles, vous découvrirez, verticalement, **5 modes de locomotion**, et vous pourrez en trouver un sixième horizontalement.

B				
		B		
C				
	T	R		M
C		C	H	
L	B			T
			L	R
T	S			
			C	
			P	
			T	
			R	

5 Retrouver des moyens de **locomotion à deux roues** en complétant les cases vides par des consonnes (3 des 5 mots ont déjà été vus dans des jeux précédents).

	I			O		O		O	

	I		I			E		A

	A			E	M

	E			A

	O		O

19. NATURE

1 Remplacer chaque case vide par une voyelle afin de retrouver **7 éléments naturels météorologiques**.

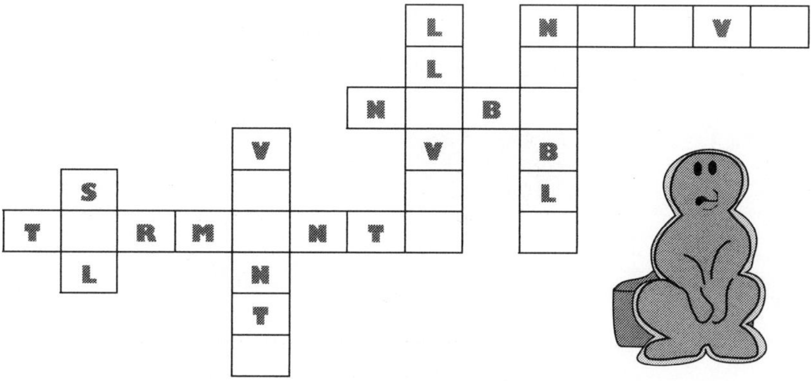

2 Retrouver par les définitions suivantes les **7 éléments météorologiques du jeu précédent**.

1) **Tiene rayos y produce calor. Es el elemento principal del verano: El ....**
....

2) **Puede soplar muy fuerte. Es el** ....

3) **Proviene de las nubes y se compone de gotas: la** ....
....

4) **Aparece en invierno y tiene copos. La** ....

5) **Es un conjunto de finas partículas de agua que están reunidas en el aire: la** ....
....

6) **Es una nube que reposa en la superficie terrestre y que limita la visibilidad: La** ....
....

7) **Es una perturbación atmosférica violenta que puede comportar viento, lluvia, relámpagos: La** ....

3 Retrouver les mots du vocabulaire des **éléments naturels** en utilisant les dessins ci-dessous.

1) **V - - - - O**

2) **LL - - - A**

3) **N - - E**

4) **S - L**

5) **A - - O I - - S**

6) **N - - - E**

20. PRÉNOMS ET DIMINUTIFS

1 Retrouver le diminutif correspondant au **prénom féminin** et les réunir dans le tableau suivant.

Dolores - Luisa - Manolita - Conchita - Trini - Manuela - Carmencita - Pili - Concepción - Josefa - Lolita - Paquita - Francisca - Luisita - Carmen - Pepita - Pilar - Trinidad

PRÉNOM	DIMINUTIF

2 Retrouver le diminutif correspondant au **prénom masculin** et les réunir dans le tableau suivant.

Enrique - Carlitos - Ignacio - Pepe - Pablito - Luis - Manuel - Manolito - Luisito - Juan - José - Quique - Nacho - Juanito - Carlos - Pablo

PRÉNOM	DIMINUTIF

21. VERBES EN « AR »

1) Retrouver dans la grille suivante **14 verbes du premier groupe** (terminés en AR) et les classer dans le tableau suivant par ordre alphabétique en donnant la traduction en français. Toutes les lettres sont utilisées. Aucun verbe en diagonale.

	1	2	3	4	5	6	7	8	9
1	R	A	T	S	E	T	N	O	C
2	G	P	A	S	E	A	R	R	R
3	R	R	R	A	J	A	B	A	A
4	I	A	A	R	A	T	A	C	G
5	T	R	Z	A	M	A	R	O	U
6	A	R	A	L	Z	A	R	V	J
7	R	E	C	E	N	A	R	O	N
8	A	C	E	P	T	A	R	R	O
9	R	A	T	O	L	I	P	P	C

ESPAGNOL	FRANÇAIS
A	A
A	
A	
A	
B	
C	
C	
C	
C	
C	
G	
P	P
P	P
P	P

2 Retrouver le **verbe à l'infinitif** d'après les définitions suivantes ou en s'aidant des phrases pour compléter le tableau suivant.

1) **Es un sinónimo de verificar, es comprobar la exactitud de algo: ....**

2) **Cuando no tenemos nuestra propia casa, tenemos que .... una.**

3) **Si necesitas algo y que tienes dinero, puedes .... lo.**

4) **Antes de salir del cuarto, tendrás que .... la luz.**

5) **Vivimos en el cuarto piso, tenemos que .... todos los días para salir de compras.**

6) **Para hacer gimnasia y nadar no es muy práctico tener los cabellos sueltos. Por eso, tengo que ....los.**

							A	R
						A	R	
					A	R		
				A	R			
			A	R				
		A	R					

3 Retrouver les **verbes du premier groupe, à l'infinitif** en remplaçant les cases vides par des **voyelles**. Tous les verbes comportent une ou plusieurs voyelles A.

	C		M	P		Ñ		R
	N		L		Z		R	
C		M	P	R		R		
	P				R			
B		J		R				
	M		R					

4 Dans la liste de verbes suivante retrouver et séparer les **verbes réguliers** et les **verbes à diphtongue**. Les classer dans le tableau suivant et donner la traduction.

COMENZAR - ABANDONAR - DAR - PAGAR - CENAR - REMAR - VOLAR - TEMBLAR - CONTENTAR - COPIAR - EMPEZAR - CANTAR - MERENDAR - CERRAR - IGNORAR

Verbes réguliers		Verbes à diphtongue	

5 Retrouver le **verbe du premier groupe qui correspond au substantif** du tableau.

SUBSTANTIF	INFINITIF
Juego	
Natación	
Palpitación	
Olvido	
Pensamiento	
Transformación	
Educación	
Tuteo	
Pago	
Entrada	

6 **Remettre les syllabes dans le bon ordre**, reformer des verbes du premier groupe et les mettre dans le tableau en donnant la traduction.

BLAR - RRAR - CIR - AN - HA - GAR - LLE - DU - RAR - TAR - LAR - CU - CE - MAR - LLA - DAR - CAN

A	
C	
C	

7 **Remettre les lettres dans le bon ordre** pour former des verbes du premier groupe. Tous les verbes ont déjà été trouvés dans les six jeux précédents.

1) **S - A - P - N - E - R :** ....
2) **R - A - P - A - G :** ....
3) **R - A - L - B - H - A :** ....
4) **A - A - N - C - R - T :** ....
5) **R - R - R - C - E - A :** ....
6) **R - A - T - I - P - A - P - L :** ....

22. VERBES EN « ER »

① Retrouver **16 verbes du 2e groupe** dans cette grille, les classer par ordre alphabétique et en donner la traduction dans le tableau suivant (toutes les lettres de la grille doivent être utilisées).

	1	2	3	4	5	6	7	8	9
1	R	E	C	O	N	O	C	E	R
2	P	R	E	B	A	S	E	R	E
3	E	E	C	O	M	E	R	E	N
4	R	B	R	E	C	A	H	V	E
5	D	E	P	O	N	E	R	H	T
6	E	B	M	O	V	E	R	A	E
7	R	B	A	R	R	E	R	B	M
8	R	E	N	O	P	U	S	E	E
9	E	S	C	O	N	D	E	R	R

ESPAGNOL	FRANÇAIS
B	B
B	B
C	
S	
S	
T	
T	A
V	

2 Remettre les syllabes dans le bon ordre, reformer **six verbes du deuxième groupe** et les mettre dans le tableau en donnant la traduction.

CER - CE - SER - CO - DER - GER - DER - CO - PER - CO - NO - CO - CER - RE

1) **Sinónimo de dar.**
2) **Se hace utilizando hilo y aguja.**
3) **Contrario de ganar.**
4) **Sinónimo de tomar.**
5) **Darse cuenta de que una persona era ya conocida.**
6) **Preparar alimentos en el fuego.**

ESPAGNOL	FRANÇAIS
C	

3 Retrouver le **verbe à l'infinitif** en ER après les définitions suivantes ou en s'aidant des phrases (chaque tiret représente une lettre).

1) **Acción de percibir con los ojos:** - - -
2) **Ingerir un líquido:** - - - - -
3) **Contrario de ganar:** - - - - - -
4) **Contrario de apagar:** - - - - - - - -
5) **Se utiliza una escoba para** - - - - - -
6) **Unir con hilo y aguja dos pedazos de tela. Lo hace la costurera:** - - - - -
7) **Masticar un alimento:** - - - - -
8) **Más rápido que andar:** - - - - - -
9) **Tener conocimientos:** - - - - -
10) **Soltar el huevo las aves:** - - - - -

4 Classer les verbes du 2e groupe en 2 colonnes selon qu'ils **diphtonguent ou non**.

CONOCER - PERDER - VALER - RESPONDER - PODER - PONER - ENCENDER - MOVER - RESOLVER - SUPONER - BEBER - SER - SABER - LEER - DEFENDER - VOLVER - COMPONER - EXTENDER - PROPONER

DIPHTONGUE	PAS DE DIPHTONGUE

5 Retrouver les **consonnes** de ces verbes en ER en vous aidant des quelques explications suivantes.

	E			O			E	R
	O			O		E	R	
	O		O		E	R		
	E			E	R			
	A		E	R				
	O	E	R					
	E	R						

1) **Contrario de preguntar**

4) **Contrario de ganar**

5) **Contrario de ignorar**

6) **Lo hacen los ratones**

23. VERBES EN « IR »

① Compléter les **voyelles manquantes** afin de retrouver des verbes terminés par IR.

S		B		R
V		V		R
P		D		R
M		R		R
S		L		R
	B	R		R
L		T		R

② Retrouver **10 verbes en IR** d'après les définitions ou les indications suivantes (ils n'ont tous que deux syllabes).

1) **Contrario de bajar:** ....

2) **Contrario de nacer:** ....

3) **Contrario de entrar:** ....

4) **Tener vida, estar vivo:** ....

5) **Decir a alguien qué se desea obtener de él:** ....
....

6) **Tener o padecer un daño o dolor físico o moral:** ....
....

7) **Manifestar con palabras un sentimiento, sinónimo de hablar:** ....
....

8) **Lo hacemos en general de noche, en una cama:** ....
....

9) **Lo hacen los tigres o los leones:** ....

10) **Ir detrás de alguien:** ....

11) **Contrario de decir la verdad:** ....

3) Classer les verbes suivants en 2 colonnes selon qu'ils **sont réguliers ou non** (diphtongue, affaiblissement...).

MENTIR - VENIR - IMPEDIR - ASISTIR - ADQUIRIR - SENTIR - CORREGIR - COMBATIR - REUNIR - CONVENIR - VIVIR - SUBIR - DORMIR - REIR

RÉGULIERS	IRRÉGULIERS
A	A
CO	CO
	CO
	S
	V

4) Replacer les **lettres** de ces verbes du 3e groupe dans le bon ordre. Tous les verbes ont déjà été vus dans les jeux précédents.

1) **N - T - R - E - I - M :** ....
2) **S - S - T - R - I - I - A :** ....
3) **M - R - R - O - I :** ....
4) **V - V - R - I - I :** ....
5) **R - R - G - I - U :** ....
6) **A - I - S - R - L :** ....
7) **D - R - M - R - I - O :** ....

24. INFINITIF

1 Retrouver dans cette *sopa de letras* **17 verbes** conjugués au présent dont il faudra retrouver **l'infinitif**. Les verbes peuvent se trouver à toutes les personnes et peuvent se lire de haut en bas, de bas en haut, de gauche à droite ou de droite à gauche. Il y a également un mot en diagonale. Toutes les lettres sont utilisées, certaines peuvent servir plusieurs fois.

	1	2	3	4	5	6	7	8	9
1	N	C	A	N	T	A	M	O	S
2	A	D	P	V	M	I	D	E	S
3	C	S	O	O	S	I	L	A	S
4	I	I	N	Y	V	I	V	E	S
5	F	A	G	S	E	D	E	U	P
6	I	L	O	U	O	I	E	A	A
7	R	B	I	B	D	C	V	B	R
8	E	A	G	E	I	E	I	R	T
9	V	H	O	S	P	S	V	O	E

En diagonale :

Présent	Infinitif

Horizontalement :

Présent	Infinitif

Verticalement :

Présent	Infinitif

2 Retrouver **l'infinitif** qui correspond au **substantif**.

SUBSTANTIF	INFINITIF
Comida	
Cuento	
Entrada	
Movimiento	
Natación	
Recitación	
Reunión	
Salida	
Satisfacción	
Silla	
Solución	
Vista	
Vuelo	

3 Retrouver les **voyelles manquantes** pour former les verbes des trois groupes différents.

Verbes en AR

R		F	L		X			N		R
	N	T		R	R		G		R	
V		R		F		C		R		
	S	C		C	H		R			
C		L		C		R				
P		S		A	R					
R		B		R						
N		D		R						
V		L		R						

Verbes en ER

C		M		R
B		B		R
T		N		R
M		V		R
S		L		R
P		N		R

Verbes en IR

	N	T	R		D		C		R
C		N	S	T	R			R	
D		S	C		T		R		
R		D		C		R			
D		R	M		R				
P		D		R					
R			R						

4 Retrouver **11 verbes à l'infinitif** dans ce premier serpent. Les verbes peuvent se lire de gauche à droite ou de droite à gauche. Une même lettre peut servir deux fois.

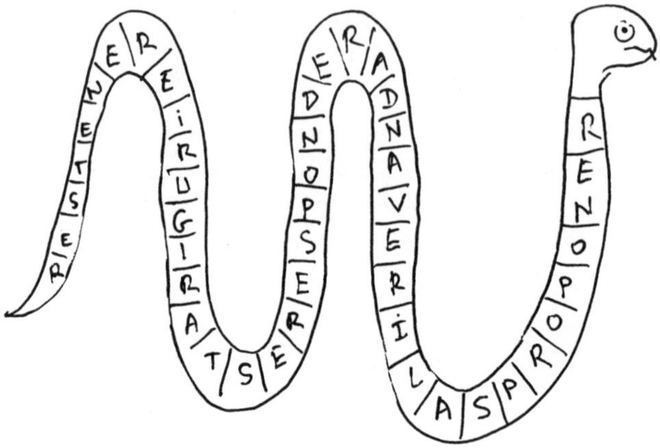

5 Retrouver **6 verbes à l'infinitif** dans cet autre serpent.

25. PRÉSENT

① En partant de la liste proposée, classer les verbes en deux colonnes, par ordre alphabétique, en donnant la **première personne du présent de l'indicatif**. Il y a le même nombre de verbes dans chaque colonne.

BEBER - ANDAR - VENIR - SABER - QUERER - HABLAR COMER - DAR - SER - SALIR - ENTRAR - DISPONER - ESTAR - DISCUTIR - VER - PASAR - ABRIR - GRITAR - PRODUCIR - COCINAR - HUIR - BUSCAR - CORRER - SACAR

1re personne régulière	1re personne irrégulière (y compris les diphtongues)
	S
	V
	V

2 En remplaçant les cases vides par des **voyelles**, retrouver **10 verbes irréguliers** qui sont tous à la 1re personne du présent de l'indicatif (un seul ne finit pas en O).

V		N	G	
C			G	
S		L	G	
T		N	G	
P		N	G	
V		L	G	
H		G		
O		G		
S		Y		
V				

3 Retrouver dans cette *sopa de letras* **13 verbes au présent de l'indicatif**. Les verbes peuvent se trouver à toutes les personnes et peuvent se lire de haut en bas, de bas en haut, de gauche à droite ou de droite à gauche. Il n'y a pas de verbe en diagonale. Toutes les lettres sont utilisées (certaines, plusieurs fois).

	1	2	3	4	5	6	7	8	9
1	S	R	E	S	P	O	N	D	E
2	A	H	U	T	I	L	I	Z	O
3	C	A	O	T	U	C	S	I	D
4	I	B	P	E	D	I	M	O	S
5	F	L	A	L	Z	A	M	O	S
6	I	A	S	I	E	D	O	P	O
7	R	I	E	S	I	A	Y	A	R
8	E	S	A	L	Z	A	I	S	B
9	V	E	N	D	E	M	O	S	O

4 Remettre les **lettres dans l'ordre** afin de former des verbes à la **2e personne du singulier du présent de l'indicatif**.

1) O - E - C - S - M : ....
2) S - T - G - R - A - I : ....
3) A - A - E - S - S - P : ....
4) H - A - A - S - B - L : ....
5) S - V - E : ....
6) S - A - R - I - M : ....
7) P - R - G - N - S - T - A - E - U : ....
8) A - A - C - T - N - S : ....
9) S - B - U - S - E : ....
10) A - A - I - D - M - R - S : ....
11) E - E - S - R : ....

26. IMPARFAIT

① Retrouver **11 verbes à l'imparfait** dans cette *sopa de letras*. Les verbes peuvent se lire de gauche à droite ou de droite à gauche. Avec les lettres restantes, vous pourrez retrouver un 12e verbe à la 3e personne du pluriel.

	1	2	3	4	5	6	7	8
1	D	I	S	C	U	T	I	A
2	E	B	S	I	A	I	E	R
3	C	A	L	Z	A	B	A	D
4	I	N	S	O	M	A	B	I
5	D	C	E	O	N	D	U	A
6	I	C	R	E	I	A	A	N
7	A	B	A	L	B	A	H	N
8	N	I	N	A	I	R	B	A

② Compléter les **voyelles manquantes** pour trouver des verbes à l'imparfait. Il n'y a que des verbes en AR ou en IR. Ils sont tous à la 2e personne du singulier.

C		N	T		S	T		B		S
R		S	P		R		B		S	
R		D		C			S			
P		S		B		S				
P		D			S					
R			A	S						
	B		S							

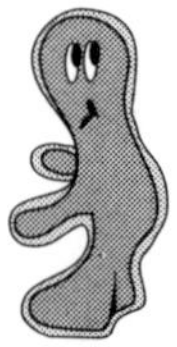

3 Remettre les **syllabes en ordre** afin de retrouver des verbes à l'imparfait. Tous les verbes sont du **1er groupe**.

1) **NUN - A - BAS - CIA :** ....

2) **BLÁ - BA - MOS - HA :** ....

3) **BAN - SA - PA :** ....

4) **TA - TA - CONS - BAN :** ....

5) **PO - YA - BA - A :** ....

6) **PRA - BA - COM :** ....

7) **PLI - CA - BAN - SU :** ....

8) **TÁ - MOS - GRI - BA :** ....

9) **BAIS - A - PA - COM - ÑA :** ....

10) **DO - MOS - A - RÁ - BA :** ....

4 Remettre les **syllabes en ordre** afin de retrouver des verbes à l'imparfait. Tous les verbes sont du **2e ou du 3e groupe**.

1) **NÍAN - COM - PO :** ....

2) **TÍAS - DIS - CU :** ....

3) **NO - CO - CÍAN :** ....

4) **MOS - Í - BA :** ....

5) **RA - MOS - É :** ....

6) **PO - PRO - NÍA :** ....

7) **BA - TÍAN - COM :** ....

8) **BÍAN - SU :** ....

27. FUTUR

1 La coquille de l'**escargot** contient 7 verbes au **futur**. **À vous de les retrouver.** Ils peuvent se lire de gauche à droite ou de droite à gauche. Une même lettre peut servir deux fois.

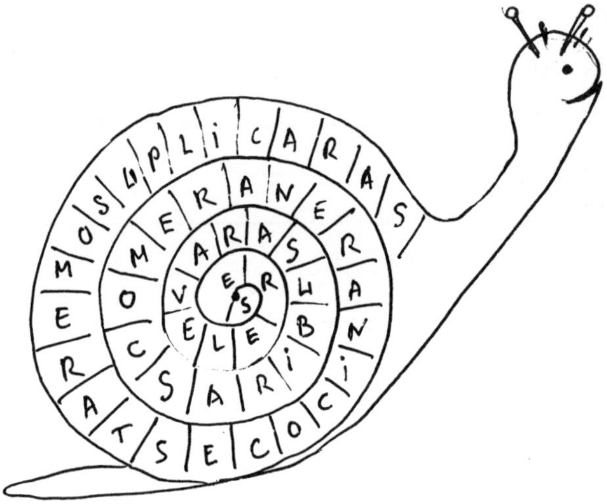

2 Retrouver les verbes au **futur** en **éliminant les 3 lettres** qui sont en trop (les lettres sont présentées dans le bon ordre).

1) **M - O - D - I - S - P - O - N - E - D - R - A - S :** ....

....

2) **A - D - I - M - O - R - E :** ....

3) **R - H - A - B - L - A - N - I - R - E - M- O - S :** ....

....

4) **I - M - P - A - S - A - R - I - A - N :** ....

5) **G - R - I - D - U - T - A - R - E - B - I - S :** ....

....

3 Compléter les lettres manquantes par des **voyelles** pour retrouver les verbes au futur.

D	I	V		R	T		R		M		S

A	P		R	C		R		M		S

V	E	R		F		C		R		S

A	N		L		Z		R			S

C		M	P	R		R			S

D	I	G		R		R		S

A	P		G		R		N

A	T	R			R		S

S		N	T		R	É

S		B		R		S

C		N	T		R	É

V		V		R	Á

28. PRÉTÉRIT

1 Retrouver **16 verbes au prétérit** dans cette *sopa de letras*. Vous pourrez trouver les mots horizontalement, verticalement, de gauche à droite, de droite à gauche, de haut en bas ou de bas en haut. Il y a également 1 mot à retrouver en diagonale. Il ne restera alors que 2 lettres non utilisées.

	1	2	3	4	5	6	7	8	9
1	S	U	P	I	S	T	E	I	S
2	A	O	A	U	A	F	F	U	E
3	L	I	M	F	L	U	P	E	J
4	I	C	A	N	T	E	E	V	U
5	S	A	R	Q	A	R	D	U	D
6	T	N	O	U	M	O	I	T	N
7	E	T	N	I	O	N	M	S	O
8	I	O	U	S	S	N	O	E	C
9	S	L	L	O	R	A	S	T	E

2 Dans le tableau suivant, indiquer la personne du verbe conjugué au prétérit et **retrouver l'infinitif**.

PRÉTÉRIT	PERSONNE	INFINITIF
Paseaste		
Cantaron		
Subió		Su
Tuvo		
Condujiste		
Supe		S
Volvisteis		
Pedí		
Saqué		
Hablamos		
Comieron		Co
Gritó		

3 Prenez le temps de retrouver dans ces serpents **6 verbes au prétérit** (ce sont tous des irréguliers).

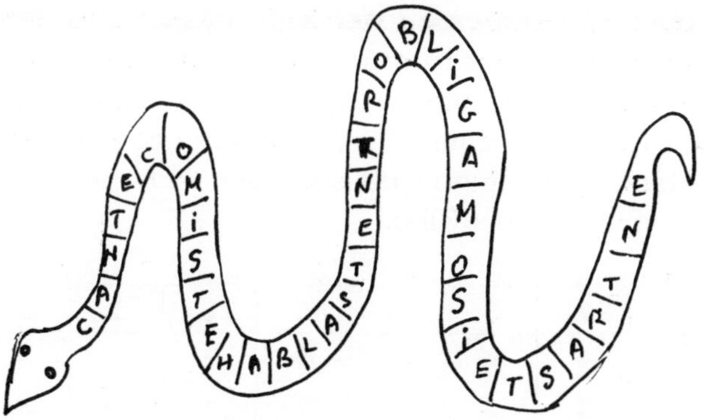

4 Prenez le temps de retrouver dans ces serpents **8 verbes au prétérit** en commençant par la tête (ce sont tous des verbes réguliers).

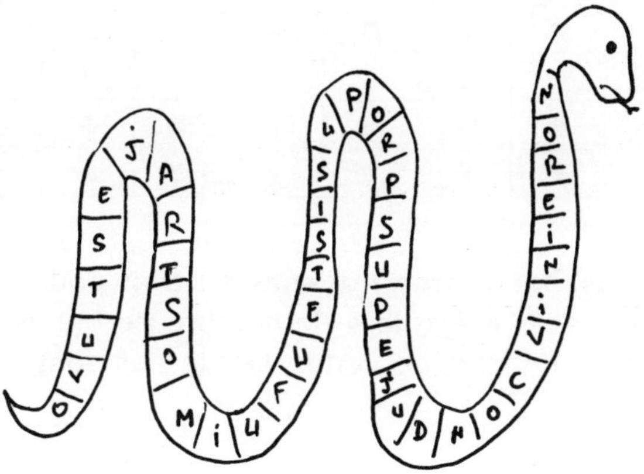

29. PARTICIPE PASSÉ

1) Retrouver **16 verbes au participe passé** dans cette *sopa de letras*. Vous pourrez trouver les mots horizontalement, verticalement, de gauche à droite, de droite à gauche, de haut en bas ou de bas en haut. Il n'y a aucun mot en diagonale. Il restera alors 4 lettres non utilisées qui vous permettront de retrouver un dernier participe.

	1	2	3	4	5	6	7	8	9
1	D	I	C	H	O	T	S	I	V
2	E	S	C	R	I	T	O	S	E
3	S	S	C	M	M	O	P	A	R
4	C	I	O	U	P	T	R	T	I
5	U	D	M	E	R	S	E	I	F
6	B	O	I	R	E	E	V	S	I
7	I	R	D	T	S	U	I	F	C
8	E	O	O	O	O	P	S	E	A
9	R	H	E	C	H	O	T	C	D
10	T	O	F	R	I	T	O	H	O
11	O	T	R	E	I	B	A	O	T

2) **Supprimer les lettres qui sont en trop** pour former des **participes passés irréguliers** (le nombre de lettres à enlever est indiqué après chaque verbe. Les lettres sont présentées dans le bon ordre).

1) **D - O - R - E - V - U - N - E - L - T - O : (3)** ....

....

2) **A - D - I - N - C - H - O - L : (3)** ....

3) **A - B - I - N - E - R - T - O - N : (2)** ....

4) **I - D - I - E - S - A - C - U - B - I - N - E - R - T - O : (4)** ....

....

5) **S - U - E - N - L - I - T - O : (2)** ....

6) **E - P - I - U - E - S - I - T - O : (3)** ....

7) **R - A - M - H - E - C - I - H - O : (4)** ....

8) **V - U - N - E - L - I - T - O : (2)** ....

9) A - F - R - I - N - T - H - O : (3) ....

10) D - I - N - S - U - F - E - L - T - O - R : (3) ....

11) R - E - V - I - S - A - T - O - L : (4) ....

12) M - A - C - U - B - I - L - E - R - H - T - O : (4) ....

....

3 **Supprimer les lettres qui sont en trop** pour former des **participes passés réguliers** (le nombre de lettres à enlever est indiqué après chaque verbe. Les lettres sont présentées dans le bon ordre).

1) P - O - C - O - M - I - N - D - O : (3) ....

2) A - P - A - S - A - N - A - D - O : (3) ....

3) B - E - N - B - I - M - D - O - L : (3) ....

4) M - I - G - R - I - T - A - L - D - O : (3) ....

5) P - E - N - I - T - R - A - D - I - O : (3) ....

6) E - R - H - A - B - E - L - A - D - O : (3) ....

7) M - A - D - A - D - O - E : (3) ....

8) A - V - E - R - I - F - I - N - C - H - A - D - O : (3) ....

....

4 Compléter les cases vides par des **voyelles** afin de retrouver des **participes passés irréguliers**.

P	R		D		S	P			S	T	

	N	T		R	P			S	T	

D		S	C		B			R	T	

C		M	P			S	T	

P	R		P			S	T	

C		B			R	T	

R		S			L	T	

	B			R	T	

	B	S		R	T	

S			L	T	

P			S	T	

V		S	T	

D		C	H	

H		C	H	

F	R		T	

30. PRÉSENT DU SUBJONCTIF

1 Retrouver dans l'escargot **11 verbes au subjonctif présent.** Certaines lettres peuvent servir deux fois. Toutes les personnes peuvent être employées. Les verbes doivent se lire du centre vers l'extérieur de la coquille.

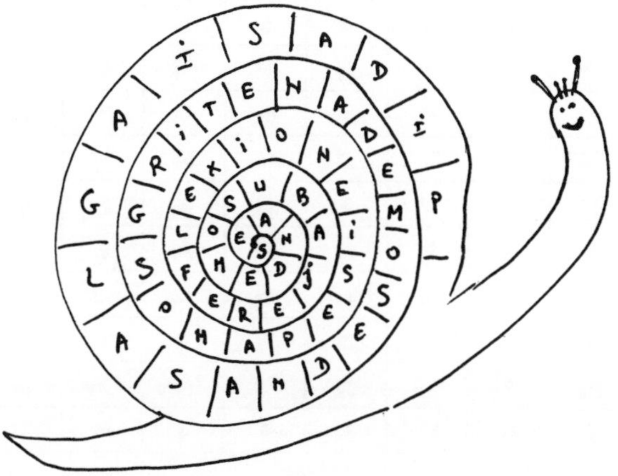

2 Remettre les **lettres dans le bon ordre** pour retrouver 4 verbes au subjonctif présent (la 1re lettre est à sa place).

1) **T - N - M - O - E :** ....

2) **C - A - T - N - S - E :** ....

3) **G - I - T - R - E :** ....

4) **S - U - A - B - S :** ....

31. ADVERBES

① Retrouver dans la *sopa de letras* **10 adverbes de temps**. Il faut chercher les mots de haut en bas, de bas en haut de gauche à droite, de droite à gauche. Il y a un mot en diagonale.

	1	2	3	4	5	6	7	8	9
1	O	N	A	R	P	M	E	T	A
2	B	A	N	A	Ñ	A	M	A	N
3	H	C	Y	O	H	H	U	R	T
4	D	N	X	E	A	O	R	D	E
5	Ñ	U	Q	Ñ	R	R	E	E	A
6	E	N	U	M	O	A	D	O	Y
7	I	B	O	A	N	O	C	H	E
8	M	I	E	N	T	R	A	S	R
9	P	O	H	A	I	Z	P	T	Y

② Retrouver dans la *sopa de letras* **16 adverbes de lieu**. Il faut chercher les mots de haut en bas, de bas en haut de gauche à droite, de droite à gauche. Il y a deux mots en diagonale et un adverbe en double.

	1	2	3	4	5	6	7	8	9
1	R	O	D	E	D	E	R	L	A
2	A	A	Q	U	I	N	O	H	M
3	D	R	L	O	L	F	I	A	I
4	E	R	D	L	L	R	S	R	C
5	L	I	E	A	A	E	A	E	N
6	A	B	N	C	B	N	R	U	E
7	N	A	T	R	A	T	T	F	A
8	T	C	R	E	J	E	E	Z	H
9	E	A	O	C	O	B	D	U	I

3 Retrouver dans la *sopa de letras* **14 adverbes de quantité et de comparaison**. Il faut chercher les mots de haut en bas, de bas en haut de gauche à droite, de droite à gauche. Il y a deux mots en diagonale. Certains adverbes se retrouvent plusieurs fois.

	1	2	3	4	5	6	7	8
1	B	A	S	T	A	N	T	E
2	I	C	M	C	L	Y	U	M
3	O	U	A	A	G	S	Y	A
4	H	A	S	S	O	A	U	D
5	C	N	E	I	I	M	M	A
6	U	T	A	M	B	I	E	N
7	M	O	O	T	N	A	U	C
8	T	A	N	S	O	N	E	M

4 Remettre les **lettres en ordre** pour retrouver des **adverbes de temps**.

1) H - O - A - A - R : ....

2) Y - E - A - R : ....

3) E - N - S - T - O - N - C - E : ....

4) S - U - E - P - S - D - E : ....

5) A - U - N - N - C : ....

6) Y - O - H : ....

7) N - T - Ñ - A - A - O : ....

8) I - E - M - S - R - P - E : ....

32. MOTS EN « AD »

1 Dans la liste de mots suivante, retrouver la **terminaison en TAD ou en DAD**. Classer les mots en deux colonnes et en donner la traduction.

Liber...
Posibili...
Bon...
Habili...
Volun...
Leal...
Fragili...
Tranquili...
Felici...
Inmensi...
Pie...
Honesti...
Mal...
Vulgari...
Humani...
Igual...
Brutali...
Finali...
Morali...
Superiori...

MOTS EN DAD	TRADUCTION

MOTS EN TAD	TRADUCTION

2 **Retrouver le substantif en AD** d'après l'adjectif proposé.

ADJECTIF	SUBSTANTIF
Áspero	
Culpable	
Fácil	
Inmenso	
Pasivo	
Sensible	
Sereno	
Solo	
Tenaz	
Veloz	
Voraz	
Vulnerable	

3 Remplacer les cases manquantes par des **voyelles**.

C		L	P		B	I	L		D		D
S		N	S	I	B		L		D		D
C		N	T		B		L		D		D
P	O	S		B		L		D		D	
P	R		S	P		R		D		D	
C		N	T		N			D		D	
V		L	G		R		D		D		
L		N	G		V		D		D		
P		B	L		C		D		D		
D		B		L		D		D			
I	D		N	T		D		D			
T		N		C		D		D			
F		C	U	L	T		D				
S		C			D		D				
	N	S	I		D		D				

33. MOTS EN « CIÓN » OU « SIÓN »

① Dans un premier tableau classer par ordre alphabétique les mots français suivants et en donner la traduction espagnole puis les classer en deux colonnes suivant leur terminaison dans le deuxième tableau.

ASSIMILATION - ÉDUCATION - CORRUPTION - ÉVALUATION - NOTATION - CRÉATION - IMPRESSION - ASCENSION - RÉPARATION - DISTRIBUTION - SOLUTION - CONFUSION - RÉPÉTITION - TRANSMISSION - ASSOMPTION

FRANÇAIS	ESPAGNOL
ASCENSION	
CRÉATION	
TRANSMISSION	

Mots terminés en CIÓN	Mots terminés en SIÓN

2 **Retrouver le verbe qui correspond au substantif terminé en CIÓN** et compléter le tableau suivant.

Acentuación	
Aceptación	
Adaptación	
Argumentación	
Articulación	
Canción	
Conjugación	
Constatación	
Corrupción	
Creación	
Distribución	
Educación	
Explicación	
Notación	
Obligación	
Oposición	
Reunificación	
Revelación	
Situación	
Solución	

3 **Retrouver le substantif terminé en SIÓN** qui correspond au verbe et compléter le tableau suivant.

Concluir	
Decidir	
Discutir	
Divertir	
Dividir	
Imprimir	
Oprimir	
Poseer	
Repercutir	
Someter	

34. MOTS EN « OR »

RAPPEL DE LA RÈGLE DE GRAMMAIRE : tous les **noms en OR sont masculins sauf quatre** : la FLOR, la COLIFLOR, la SOR et la LABOR.

① Compléter le tableau suivant par des **consonnes** pour trouver des noms masculins en OR.

E			U		O	R
C		A		O	R	
	O	R		O	R	
C	A			O	R	
T	E			O	R	
V	E			O	R	
F	U		O	R		
V	I		O	R		
R	U		O	R		
D	O		O	R		
E			O	R		
H	O		O	R		
S	U		O	R		
S	A		O	R		
R	U		O	R		
V	A		O	R		
T	E		O	R		
C	O		O	R		
V	A		O	R		
C	A		O	R		
O		O	R			

35. MOTS EN « TUD »

1 **Retrouver les substantifs suivants** en vous aidant des définitions.

1) **Contrario de vejez. Edad que empieza en la pubertad:**

J		V			T	U	D

2) **Semejanza:**

S		M				T	U	D

3) **Mayor dimensión de un objeto:**

L			G		T	U	D

4) **Diferencia:**

D				M				T	U	D

5) **Acción de pedir algo cuidadosa y diligentemente:**

S		L				T	U	D

6) **Disposición constante a hacer el bien:**

V			T	U	D

36. MOTS COMMENÇANT EN FRANÇAIS PAR S + CONSONNE

RÈGLE : TOUS LES MOTS FRANÇAIS COMMENÇANT PAR **S** + **UNE CONSONNE** COMMENCENT EN ESPAGNOL PAR **ES.**

1 Compléter le tableau suivant en donnant la traduction.

Scandale	
Scaphandre	
Scarlatine	
Scène	
Sceptique	
Scorpion	
Sculpture	
Slogan	
Spaghetti	Espagueti
Sparadrap	
Spécifique	
Spécimen	
Spécial	
Spectaculaire	
Spectre	
Sphérique	
Splendide	
Spontané	
Spiritisme	
Stabilité	
Station	
Stratagème	
Stratégie	
Stress	
Structure	
Stupéfait	
Stupide	

37. MOTS AYANT UN ARTICLE DIFFÉRENT EN FRANÇAIS ET EN ESPAGNOL

1 Relever dans ces deux listes (corps humain et nourriture) les noms ayant un **article différent en français et en espagnol** et les classer dans le tableau suivant en les traduisant.

CORPS HUMAIN	NOURRITURE
Le bras	L'eau
Le coude	Le beurre
La dent	La carotte
Le front	Le chorizo
La jambe	Le coca cola
La lèvre	Le chou
La main	Le chou-fleur
Le nez	Le jambon
L'ongle	Le miel
Le pied	L'oignon
Le poignet	La pomme
La pommette	La pomme de terre
Le sourcil	La tomate

CORPS HUMAIN	NOURRITURE
	El a
	La c

38. MOTS IDENTIQUES EN FRANÇAIS ET EN ESPAGNOL

1 **Retrouver le mot** d'après la définition.

1) **Caballo de talla pequeña:**

P				Y

2) **Expedición de caza mayor a África:**

S					I

3) **Bebida efervescente:**

S			A

4) **Mamífero roedor que construye su vivienda a orillas de ríos:**

C		S			R

5) **Parte posterior del pie:**

T				N

6) **Microorganismo invisible al microscopio óptico:**

V				S

7) **Especie de epopeya familiar que se extiende a varias generaciones:**

S			A

8) **Puente de maderos (vocab. de la marina):**

P		N			N

9) **Serpiente de gran tamaño que vive en América del Sur:**

A			C				A

10) **Representante de la autoridad en los países musulmanes:**

S		L			N

11) **Instrumento de percusión parecido al tambor de origen africano:**

T			-	T		M

12) **Deporte que se practica con un balón ovoide y en el que se enfrentan equipos de 15 jugadores:**

R			B	Y

13) **Objetivo de una cámara fotográfica, de cine o de televisión:**

Z			M

14) **Fruta de color marrón con pulpla de color verde, originaria de Nueva Zelanda:**

K			I

15) **Semilla de una planta de la que se extrae un polvo que se utiliza para fabricar el chocolate:**

C				O

16) **Bicicleta que utilizan dos personas situadas una detrás de la otra:**

T					M

17) **Falda corta, de lana a cuadros, usada por los escoceces:**

K			T

18) **Músculo del brazo:**

B					S

19) **Terreno sonde se cultivan plantas:**

J					N

20) **Árbol de las regiones tropicales de África cuyo tronco puede alcanzar hasta 20 metros de circunferencia:**

B					B

21) **Serpiente venenosa:**

N			A

22) **Actividad física que consiste en correr a pie por diversos terrenos:**

J						G

23) **Instrumento musical cuya caja de resonancia, redonda, está cubierta por una piel tensada:**

B				O

24) **Abreviación de la unidad de medida de masa:**

K			O

25) **Afección del cuello caracterizada por un dolor que limita el movimiento y la inclinación de la cabeza:**

T			T						S

26) **Bloque de hielo de gran tamaño desprendido de los glaciares continentales que flota en las regiones polares del océano:**

I				E		G

27) **Proviene del latín y significa lo mismo:**

I			M

Solutions

1. JOURS - MOIS - SAISONS

① Retrouver **les jours de la semaine**.

		J											
		U											
V	I	E	R	N	E	S							
		V											
M	I	E	R	C	O	L	E	S					
A		S				U		A					
R						N		B					
T						E		A					
E						S		D					
S							D	O	M	I	N	G	O

② **Retrouver 13 mots** dans la *sopa de letras* : **les 4 saisons et 9 mois**.

HORIZONTALEMENT

1) **PRIMAVERA**
2) **OTOÑO** ←
3) **MAYO** ←
4) **ENERO** ←
5) **JUNIO**
6) **MARZO** ←
7) **JULIO** ←
8) **VERANO** ←
9) **DICIEMBRE** ←

VERTICALEMENT

1) **OCTUBRE** ←
2) **ABRIL** ←
3) **INVIERNO**
9) **FEBRERO**

2. COULEURS

① Rechercher **14 noms de couleurs** dans cette *sopa de letras*.

HORIZONTALEMENT

1) **AMARILLO**
2) **NEGRO** ←
3) **MARINO**
4) **BLANCO**
5) **ROJO**
6) **VERDE** ←
7) **ROSA** ←

VERTICALEMENT

1) **NARANJA** ←
2) **PARDO**
8) **MORADO**
9) **TURQUESA** ←

8) **VIOLADO**
9) **GRIS ← LILA ←**

Restent : N - A - A - A - N - R - J = NARANJA
(On peut trouver en 5 vertical : ORO. Mais la couleur correspondante serait DORADO).

2 Compléter le tableau par ordre alphabétique à l'aide des couleurs précédentes et donner la **traduction** en français.

ESPAGNOL	FRANÇAIS
Amarillo	Jaune
Blanco	Blanc
Gris	Gris
Lila	Lilas
Marino	Bleu marine
Morado	Violet
Naranja	Orange
Negro	Noir
Pardo	Brun
Rojo	Rouge
Rosa	Rose
Turquesa	Turquoise
Verde	Vert
Violado	Violet

3 **Retrouver la couleur** d'après les définitions suivantes.

1) **Simbolizo el sol: AMARILLO**
2) **Soy el color del cielo los días de lluvia: GRIS**
3) **La esmeralda es una piedra preciosa que tiene mi color: VERDE**
4) **Mi color simboliza la pureza: BLANCO**
5) **Soy el color de la mimosa: AMARILLO**
6) **Tengo el color de las castañas y del chocolate: MARRÓN**
7) **Soy una florecita símbolo de timidez: VIOLETA**
8) **El mar puede tener mi color, entre azul y verde. Soy también una piedra semi preciosa. Mi color es TURQUESA**
9) **Soy el color de la esperanza: VERDE**
10) **Colores de la bandera francesa: AZUL, BLANCO, ROJO**
11) **Colores de la bandera italiana: VERDE, BLANCO, ROJO**
12) **Somos los dos colores de la bandera española: ROJO y AMARILLO**
13) **Colores de la bandera alemana: NEGRO, ROJO, AMARILLO**
14) **Soy la mezcla del rojo y del blanco: ROSA**

15) **Soy la mezcla del azul y del amarillo: VERDE**
16) **Resulto de la mezcla del negro y del blanco: GRIS**

4 Compléter par des voyelles afin de retrouver des noms de couleurs.

E	N	C	A	R	N	A	D	O
B	E	R	M	E	L	L	Ó	N
C	O	L	O	R	A	D	O	
A	M	A	R	I	L	L	O	
T	U	R	Q	U	E	S	A	
A	Z	U	L	A	D	O		
V	I	O	L	A	D	O		
G	R	A	N	A	T	E		
C	A	S	T	A	Ñ	O		
N	A	R	A	N	J	A		
V	E	R	D	O	S	O		
M	O	R	A	D	O			
M	A	R	R	Ó	N			
R	O	J	I	Z	O			
B	L	A	N	C	O			
C	A	R	M	Í	N			
N	E	G	R	O				
V	E	R	D	E				
P	A	R	D	O				
B	E	I	G	E				
R	O	J	O					
A	Z	U	L					
R	O	S	A					
G	R	I	S					
L	I	L	A					
A	Ñ	I	L					

5 Donner les traductions de ces différents tons de bleu.

Azul celeste	Bleu ciel
Azul de cobalto	Bleu cobalt
Azul de Prusia	Bleu de Prusse
Azul de ultramar	Bleu outremer

Azul eléctrico	Bleu électrique
Azul marino	Bleu marine

3. NOMBRES

① Compléter les cases vides pour retrouver les **10 premiers nombres**.

				S			U		
N	U	E	V	E			N		
			C	I	N	C	O		
		D	O	S		U		S	
		I				A		I	
		E				T	R	E	S
		Z				R		T	
			O	C	H	O		E	

② Retrouver les **15 premiers nombres** dans cette *sopa de letras*.

HORIZONTALEMENT

2) **CUATRO**
3) **SIETE**
5) **SEIS**
6) **UNO ←**
7) **CATORCE - ONCE ←**
8) **TRECE**
10) **QUINCE ← DIEZ**

VERTICALEMENT

1) **CINCO - OCHO**
4) **TRES**
6) **DOS**
8) **DOCE ←**
10) **NUEVE ←**

③ **Les dizaines** : compléter les opérations suivantes en faisant attention au nombre de lettres qui manquent.

8 + 2 = DIEZ
22 - 2 = VEINTE
35 + 5 = CUARENTA
29 + 1 = TREINTA
60 - 10 = CINCUENTA
50 + 50 = CIENTO
61 + 9 = SETENTA
92 - 2 = NOVENTA
51 + 9 = SESENTA
42 + 38 = OCHENTA

52 + 4 = CINCUENTA y SEIS
19 + 4 = VEINTITRÉS
11 x 3 = TREINTA y TRES
59 - 2 = CINCUENTA y SIETE
67 + 5 = SETENTA y DOS
96 - 7 = OCHENTA y NUEVE
32 - 10 = VEINTIDÓS
35 + 9 = CUARENTA y CUATRO

4) **Les centaines** : remettre les lettres à leur place pour retrouver toutes les centaines.

1) S - O - I - E - N - D - O - S - C - T : DOSCIENTOS
2) U - I - S - O - Q - T - I - N - N - E : QUINIENTOS
3) S - O - C - O - H - T - O - C - N - E - I : OCHOCIENTOS
4) T - S - O - T - E - S - C - R - N - I - E : TRESCIENTOS
5) E - S - O - T - N - E - I - S - S - I - C : SEISCIENTOS
6) T - A - U - C - R - O - C - I - E - N - S - O - T : CUATROCIENTOS
7) S - O - T - N - E - I - C - E - V - N - O : NOVECIENTOS
8) T - E - E - C - S - S - N - T - I - E - O : SETECIENTOS

5) Retrouver **17 nombres** dans cette *sopa de letras*.

HORIZONTALEMENT

1) SESENTA ←
2) TRECE - ONCE ←
3) QUINCE ←
8) VEINTE ←
9) OCHENTA ←

VERTICALEMENT

1) CUARENTA ←
2) TRES - SIETE
3) CINCO
4) DOCE
5) OCHO
6) DOCE ←
7) TRES
8) DOS - VEINTE ←
9) DIECISÉIS ←

6) Chaque mot comporte **3 lettres en trop**. Les supprimer afin de retrouver le nombre cherché compris entre 1 et 20.

1) P - A - V - E - L - I - N - T - E : VEINTE
2) C - H - I - N - O - C - O - L : CINCO
3) S - I - N - E - L - T - E - R : SIETE
4) R - A - D - I - N - E - Z : DIEZ
5) D - O - N - A - C - E - L : ONCE
6) C - U - D - A - T - U - R - O - R : CUATRO
7) T - A - R - E - S - A - N : TRES
8) S - E - M - E - I - N - S : SEIS

9) **M - A - D - O - S - E : DOS**
10) **C - A - N - T - R - O - R - E - C - E : CATORCE**
11) **D - O - C - H - A - R - O : OCHO**
12) **R - E - Q - U - I - N - A - C - E : QUINCE**
13) **L - U - N - T - O - R : UNO**
14) **N - U - B - E - V - A - L - E : NUEVE**
15) **M - I - D - O - C - L - E : DOCE**
16) **I - T - A - R - E - C - L - E : TRECE**

4. VILLE

① Dans la *sopa de letras*, chercher **10 mots** qui vous serviront à retrouver les éléments du jeu suivant.

HORIZONTALEMENT

1) **PARQUE ←**
9) **SEMÁFORO**

VERTICALEMENT

1) **IGLESIA ←**
2) **MERCADO ←**
4) **HOTEL**
5) **FUENTE**
8) **PEATON**
9) **CHIMENEA**

EN DIAGONALE

1) **COCHE**
9) **CALLE ←**

② Les lettres des mots suivants sont mélangées. Les remettre dans le bon ordre pour retrouver des éléments de la ville.

1) **A - L - E - C - L = La CALLE**
2) **U - N - F - E - E - T = La FUENTE**
3) **O - R - E - S - A - M - F - O = El SEMÁFORO**
4) **P - A - N - E - O - T = El PEATÓN**
5) **O - D - R - A - M - E - C = El MERCADO**
6) **H - C - I - A - E - N - M - E = La CHIMENEA**
7) **L - E - T - H - O = El HOTEL**
8) **Q - P - R - A - E - U = El PARQUE**
9) **I - L - A - I - G - E - S = La IGLESIA**
10) **E - H - C - C - O = El COCHE**

③ Retrouver **8 magasins ou édifices** en complétant les lettres manquantes (la plupart sont des voyelles).

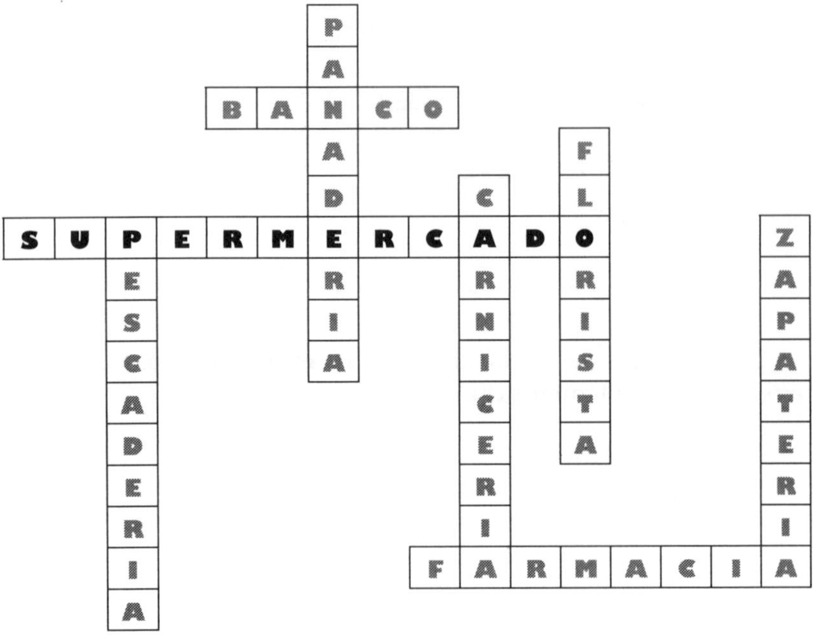

④ Remettre les syllabes dans le bon ordre pour trouver des professions courantes de la ville en rapport avec des magasins, les classer par ordre alphabétique dans le tableau suivant et en donner la traduction.

1) DOR - VEN - DE : VENDEDOR
2) DE - RO - NA - PA : PANADERO
3) MA - RO - CA - RE : CAMARERO
4) QUE - RO - BAN : BANQUERO
5) DE - RO - CA - PES : PESCADERO
6) TE - PAS - RO - LE : PASTELERO
7) YE - RO - JO : JOYERO

ESPAGNOL	FRANÇAIS
BANQUERO	Banquier
CAMARERO	Garçon, serveur
JOYERO	Bijoutier
PANADERO	Boulanger
PASTELERO	Pâtissier
PESCADERO	Poissonnier
VENDEDOR	Vendeur

5) Dans la *sopa de letras*, retrouver **10 mots**.

HORIZONTALEMENT

1) **ACERA ←**
6) **AVENIDA**
7) **ESTACIÓN ←**
8) **MUSEO**
9) **CAFETERÍA ←**

VERTICALEMENT

1) **CALLE**
2) **HOTEL**
3) **CINE**
7) **ÁRBOL**
9) **AUTOBÚS**

EN DIAGONALE

1) **COCHE**
8) **PLAZA ←**

5. MAISON

1) Remplacer les **cases vides** par des **voyelles** et vous trouverez des objets ayant leur place dans une maison ou des éléments faisant partie de cette maison.

S	I	L	L	A
P	A	R	E	D
T	E	C	H	O
M	A	N	T	A
H	O	R	N	O
G	R	I	F	O
C	O	J	Í	N
A	R	A	Ñ	A

2) Retrouver **11 pièces de la maison** dans cette *sopa de letras*.

HORIZONTALEMENT

1) **HABITACIÓN ←**
2) **COCINA ←**
6) **GARAJE**
9) **VESTÍBULO**
10) **SÓTANO ←**

VERTICALEMENT

2) **PATIO ←**
4) **SALÓN ←**
7) **DESVÁN**
8) **ZAGUÁN**
9) **SERVICIOS**

EN DIAGONALE

3) **HALL**

③ **Cocina** : compléter les phrases suivantes en utilisant les mots du tableau et donner la traduction en français.

Botella	Bouteille
Cuchara	Cuillère
Cucharita	Petite cuillère
Cucharón	Louche
Cuchillo	Couteau
Mesa	Table
Mantel	Nappe
Pimienta	Poivre
Plato	Assiette
Sal	Sel
Servilleta	Serviette de table
Sopera	Soupière
Tenedor	Fourchette
Vaso	Verre

Vamos a aprender a poner la MESA correctamente. Primero, para protegerla escojo un MANTEL con flores. Después hay que tomar un PLATO para poder depositar los alimentos. A la derecha pongo el CUCHILLO que sirve para cortar los alimentos y la CUCHARA. A la izquierda, dispongo un TENEDOR. Entre el PLATO que sirve para los alimentos y el VASO que se utiliza para beber, pongo la CUCHARITA para el postre. Como es la cena, traigo la SOPERA con el CUCHARÓN para servir la sopa. Hay que añadir para terminar una BOTELLA de vino y otra de agua. También SAL y PIMIENTA para mejorar el sabor de los platos y una SERVILLETA, con flores también, para evitar las manchas. Ahora ¡A comer!

6. NOURRITURE

① Retrouver **8 aliments** en remettant les lettres dans l'ordre et en vous aidant des dessins.

1) LECHE
2) ZANAHORIA
3) POLLO
4) PAN
5) HUEVO
6) PESCADO
7) MAÍZ
8) CHOCOLATE

② **Relier les mots entre eux** suivant le sens et les classer dans le tableau suivant en les mettant dans la 1re grille par odre alphabétique.

BEBER	VASO
CAFÉ	AZÚCAR
CALOR	HELADO
CARNE	CUCHILLO
CHAMPÁN	FIESTA
COMER	PLATO
CORTAR	CUCHILLO
MANCHA	SERVILLETA
SENTARSE	SILLA
SOPA	CUCHARA
TÉ	TACITA
VINO	TINTO

③ Retrouver des **éléments de nourriture** (fruits, légumes etc.) suivants en remplaçant les **cases vides** par des **voyelles**.

A	L	C	A	C	H	O	F	A
A	L	B	Ó	N	D	I	G	A
M	E	M	B	R	I	L	L	O
M	E	J	I	L	L	Ó	N	
E	N	S	A	L	A	D	A	
G	A	R	B	A	N	Z	O	
P	I	M	I	E	N	T	O	
C	H	O	R	I	Z	O		
P	A	T	A	T	A			
P	A	E	L	L	A			
M	E	L	Ó	N				
T	R	U	F	A				
C	A	R	N	E				
N	U	E	Z					
P	A	N						

4) Compléter le tableau suivant.

FRANÇAIS	ESPAGNOL
Artichaut	Alcachofa
Boulette de viande	Albóndiga
Chorizo	Chorizo
Coing	Membrillo
Melon	Melón
Moule	Mejillón
Noix	Nuez
Paëlla	Paella
Pain	Pan
Pois chiche	Garbanzo
Poivron	Pimiento
Pomme de terre	Patata
Salade	Ensalada
Truffe	Trufa
Viande	Carne

5) Chaque mot comporte **3 lettres en trop**. Les supprimer afin de retrouver le mot cherché en rapport avec la nourriture.

1) O - P - A - L - I - N : PAN
2) L - I - V - I - E - N - O : VINO
3) M - A - S - A - L - U : SAL
4) M - E - N - S - I - A - L - A - N - D - A : ENSALADA
5) P - E - S - I - C - A - N - U - D - O : PESCADO
6) C - H - A - R - I - N - E - L : CARNE
7) T - H - U - N - E - V - O - S - E : HUEVOS
8) R - E - P - A - S - U - T - A : PASTA
9) Q - U - E - N - I - S - O - R : QUESO
10) N - A - R - G - U - L - A : AGUA
11) B - A - R - I - R - O - Z - A : ARROZ
12) A - M - A - N - I - Z - A - N - T - A : MANZANA
13) T - O - M - E - L - R - O - N : MELÓN
14) M - A - C - H - O - R - I - N - Z - O : CHORIZO
15) C - H - E - L - A - D - O - B - A : HELADO
16) L - I - S - A - N - U - G - R - I - A : SANGRÍA
17) M - O - P - A - T - A - T - H - A : PATATA
18) R - I - F - R - E - N - S - A : FRESA

⑥ Retrouver **6 fruits** en remettant les lettres dans l'ordre et en vous aidant des dessins ci-dessous.

1) **P - E - A - R → PERA**
2) **A - A - M - N - Z - N - A → MANZANA**
3) **A - E - R - F - S → FRESA**
4) **N - O - M - L - E → MELÓN**
5) **A - I - P - Ñ → PIÑA**
6) **O - N - A - A - T - P - L → PLÁTANO**

7. BOISSON

① Retrouver ces boissons en remettant les syllabes dans l'ordre et en vous aidant des définitions.

1) **Soy blanca y puedo venir de la vaca o de la cabra: La LECHE**
2) **Los franceses suelen beberme por la mañana o después de la comida: El CAFÉ**
3) **Soy la bebida nacional inglesa: El TÉ**
4) **Cuando hay una fiesta, siempre estoy aquí para terminar las comidas y acompañar un pastel: El CHAMPÁN**
5) **Puedo ser tinto, blanco o clarete: El VINO**
6) **Soy mineral con o sin gas: El AGUA**
7) **Podrás beberme en México: La TEQUILA**

② Compléter le tableau suivant.

FRANÇAIS	ESPAGNOL
Bière	Cerveza
Café	Café
Cidre	Sidra
Citronnade	Limonada
Champagne	Champán
Cocktail	Cóctel
Cognac	Coñac
Eau	Agua
Lait	Leche
Limonade	Gaseosa
Orangeade	Naranjada
Soda	Soda
Thé	Té
Vin	Vino
Vin rouge	Tinto

3) Retrouver dans la *sopa de letras* suivant **14 éléments** qui sont tous des boissons.

HORIZONTALEMENT

1) **CERVEZA**
2) **TINTO**
5) **SIDRA**
6) **LECHE ←**
8) **CHAMPÁN ←**
9) **NARAJANDA ←**

VERTICALEMENT

1) **VINO**
2) **SODA ←**
6) **TÉ**
7) **COÑAC ←**
8) **GASEOSA**
9) **LIMONADA ←**

EN DIAGONALE

1) **CAFÉ**
9) **AGUA**

4) Remettre les **lettres dans l'ordre** pour trouver 8 boissons (5 boissons non alcoolisées et 3 boissons alcoolisées).

1) **G - A - A - U : AGUA**
2) **A - D - R - I -S : SIDRA**
3) **A - L - O - C - C - O - A - C : COCA COLA**
4) **L - I - A - D - A - N - M - O : LIMONADA**
5) **J - Z - E - E - R : JEREZ**
6) **A - S - O - E - S - A - G : GASEOSA**
7) **I - T - A - S - A - N : TISANA**
8) **Y - W - H - K - S - I : WHISKY**

5) Faire un tableau en classant les mots suivants par colonne, suivant qu'ils se consomment **froids** (ou à température normale) ou **chauds**.

FROID	CHAUD
AGUA	CAFÉ
CERVEZA	CAFÉ CON LECHE
CHAMPÁN	CHOCOLATE
CHOCOLATE	LECHE
COCA COLA	TÉ
COÑAC	TISANA
GASEOSA	
LECHE	
LIMONADA	
NARANJADA	
SANGRÍA	

SIDRA	
SODA	
TEQUILA	
VINO	
WHISKY	

8. AU RESTAURANT

① **Compléter les phrases** en utilisant la liste de mots suivante.

Para el cumpleaños de Carmen, toda la familia Ramirez decide ir al RESTAURANTE para CENAR. En la puerta del establecimiento muy famoso, espera el MAITRE d'HOTEL que recibe a la familia.

– Buenas noches. Deseamos una MESA para cuatro PERSONAS.
– Buenas noches y bienvenida ¿Desean ustedes una MESA en la parte fumadores o no fumadores? El CAMARERO va a llegar en seguida.
– Nos sentaremos en la parte no fumadores. Primero, tomaremos un APERITIVO. Un Jerez para todos.
– ¿Los señores van a comer a la CARTA o prefieren escoger el MENU?
– Tomaremos un MENÚ.
– ¿Y como BEBIDA?
– Recomiendo un VINO de Rioja excelente. Y para los niños, ¿quieren AGUA CON GAS o AGUA SIN GAS?

Los Ramirez escogen el PRIMER PLATO y después todos toman un PESCADO, mientras que Carmen prefiere comer CARNE: un solomillo de vaca asado. El CAMARERO empieza a SERVIR muy rápidamente. Todos están muy contentos y como POSTRE toman una tarta de cumpleaños con chantillí. A fines de tan buena comida, piden la CUENTA y dejan una buena PROPINA antes de salir del RESTAURANTE y de volver a casa.

② Retrouver dans cette *sopa de letras* **13 verbes**.

HORIZONTALEMENT

1) COCINAR ←
2) TRAGAR
3) PEDIR ←
4) PROBAR
5) ENTRAR
6) CORTAR ←
7) RESERVAR
8) PALADEAR ←
9) SENTARSE

VERTICALEMENT

1) SERVIR ←
8) COMER ←
9) PAGAR - BEBER←

3 Remettre les lettres **dans le bon ordre** afin de retrouver des éléments prenant place sur une table de restaurant.

1) L - T - N - M - V - S - L - A - A - A - E : SALVAMANTEL
2) N - P - A : PAN
3) S - V - R - T - L - A - L - E - I - E : SERVILLETA
4) O - T - A - L - P : PLATO
5) O - I - U - L - L - C - C - H : CUCHILLO
6) C - A - H - R - U - C - A : CUCHARA
7) R - O - D - E - T - E - N : TENEDOR
8) O - S - V - A : VASO

9. COURRIER

1 **Regrouper les syllabes** qui ont été séparées pour former des mots correspondant aux traductions françaises du tableau.

1) BI - CA - FÓ - CA - NI - LE - TE - NA : CABINA TELEFÓNICA
2) PE - CIÓN - DI - EX : EXPEDICIÓN
3) LA - CO : COLA
4) NI - VEN - LLA - TA : VENTANILLA
5) RO - NÚ - ME : NÚMERO
6) TE - QUE - PA : PAQUETE
7) SO - PE : PESO
8) MA - TE - LE - GRA : TELEGRAMA
9) NO - LÉ - FO - TE : TELÉFONO
10) GEN - UR - TE : URGENTE

Cabine téléphonique	CABINA TELEFÓNICA
Expédition	EXPEDICIÓN
File	COLA
Guichet	VENTANILLA
Numéro	NÚMERO
Paquet	PAQUETE
Poids	PESO
Télégramme	TELEGRAMA
Téléphone	TELÉFONO
Urgent	URGENTE

2 En utilisant tous les mots du tableau, **compléter le texte** qui suit et ensuite **donner les traductions** en français.

ESPAGNOL	FRANÇAIS
Arriba	En haut
Boli	Stylo
Carta	Lettre
Código postal	Code postal
Derecha	Droite
Dirección	Adresse
Echar al correo	Poster
Enviar	Envoyer
Escribir	Écrire
Hoja	Feuille
Pegar	Coller
Redactar	Rédiger
Sello	Timbre
Señas	Adresse
Sobre	Enveloppe

Tengo que ESCRIBIR a Carmen y enviarle una foto de nuestras últimas vacaciones. Primero, tengo que tomar una HOJA de papel y un BOLI para poder REDACTAR mi CARTA. Terminada la redacción, pongo la CARTA en un SOBRE y escribo la DIRECCIÓN con el apellido y el nombre. Tengo que PEGAR un SELLO, ARRIBA a la DERECHA. Termino escribiendo abajo el CÓDIGO POSTAL de la ciudad. No olvido escribir mis propias SEÑAS al dorso del SOBRE y para ENVIAR mi CARTA, salgo para ir a ECHAR la a CORREOS.

10. CORPS

1 **Retrouver la traduction** espagnole ou française des parties du corps se trouvant dans la liste ci-dessous et les classer dans la colonne qui correspond au nombre.

FRANÇAIS	ESPAGNOL	NOMBRE
BOUCHE	BOCA	1
CŒUR	CORAZÓN	1
NEZ	NARIZ	1
TÊTE	CABEZA	1
TRONC	TRONCO	1

BRAS	BRAZO	2
COUDE	CODO	2
GENOU	RODILLA	2
JAMBE	PIERNA	2
LÈVRE	LABIO	2
PIED	PIE	2
POIGNET	MUÑECA	2
POUMON	PULMÓN	2
DOIGT	DEDO	10
ORTEIL	DEDO DEL PIE	10
DENT	DIENTE	32
VERTÈBRE	VÉRTEBRA	33

2) Compléter les cases vides pour trouver des parties du **corps humain**. Vous trouverez de nombreuses articulations.

				C	U	E	L	L	O	
			M	U	Ñ	E	C	A		
			D	E	D	O				
				R	O	D	I	L	L	A
				P	I	E				
P	A	N	T	O	R	R	I	L	L	A

3) **Retrouver l'élément du corps humain** d'après la définition ou l'explication suivante.

1) Me encuentro en medio del brazo. Soy una articulación: EL CODO
2) Uno la cabeza con el cuerpo: EL CUELLO
3) La mano tiene cinco: LOS DEDOS
4) Cada dedo tiene dos o tres: LA FALANGE
5) Los utilizamos para andar: LOS PIES
6) Se llaman también miembros superiores: LOS BRAZOS
7) Son los miembros inferiores: LAS PIERNAS
8) Servimos para sostener el cuerpo: LA COLUMNA VERTEBRAL o LAS VÉRTEBRAS
9) Terminan los dedos, son LAS UÑAS
10) Soy la parte superior de la pierna: EL MUSLO

④ Compléter les cases restantes par des **voyelles** pour retrouver des éléments formant le **corps humain**.

			C	A	B	E	Z	A	
		M	U	S	C	U	L	O	
	V	I	E	N	T	R	E		
			R	O	D	I	L	L	A
			P	I	E				
		R	O	S	T	R	O		
			H	U	E	S	O		
		M	U	S	L	O			
			M	A	N	O			
	B	R	A	Z	O				
F	R	E	N	T	E				
P	E	L	O						

⑤ **Deviner la partie du corps humain** d'après les explications ou définitions.

1) **El esqueleto se compone de HUESOS**
2) **Podemos ver gracias a LOS OJOS**
3) **Nos permite hablar: LA BOCA o LA LENGUA**
4) **Comporta 5 dedos: LA MANO**
5) **Los utilizamos para andar: LOS PIES**
6) **Pueden ser rubios, negros o castaños: LOS CABELLOS**
7) **Reune la cabeza con el tronco: EL CUELLO**
8) **Articulación que une la mano con el antebrazo: LA MUÑECA**
9) **Circula por todo el cuerpo. Es roja: LA SANGRE**
10) **Termina cada dedo: LA UÑA**

11. VISAGE

① **Deviner les parties du visage** d'après les éléments suivants.

1) **Formamos la parte exterior de la boca: LOS LABIOS**
2) **Estamos encima de los ojos: LAS CEJAS**
3) **Me encuentras en medio de la cara: LA NARIZ**
4) **La utilizamos para hablar: LA LENGUA**
5) **Es la parte inferior de la cara: EL MENTÓN o LA BARBILLA**
6) **Vienen delante de los ojos para protegerlos: LOS PÁRPADOS**
7) **Los utilizamos para comer: LOS DIENTES**

8) **Sirven para oír y escuchar: LAS OREJAS**
9) **Parte importante situada entre los cabellos y los ojos: LA FRENTE**
10) **Sinónimo de los cabellos: EL PELO**

② **Remettre les voyelles dans le bon ordre** pour former des parties du visage.

1) **E - A - C - J : CEJA**
2) **A - I - N - R - Z : NARIZ**
3) **G - N - L - A - U - E : LENGUA**
4) **O - I - A - L - B : LABIO**
5) **E - T - E - N - R - F : FRENTE**
6) **P - P - R - D - O - A - A : PARPADO**
7) **O - A - B - C : BOCA**
8) **A - E - I - J - L - M - L : MEJILLA**
9) **J - O - O : OJO**
10) **Ñ - P - T - S - E - S - A - A : PESTAÑAS**

③ Retrouver les **10 parties du visage** en complétant les cases vides par des **voyelles**.

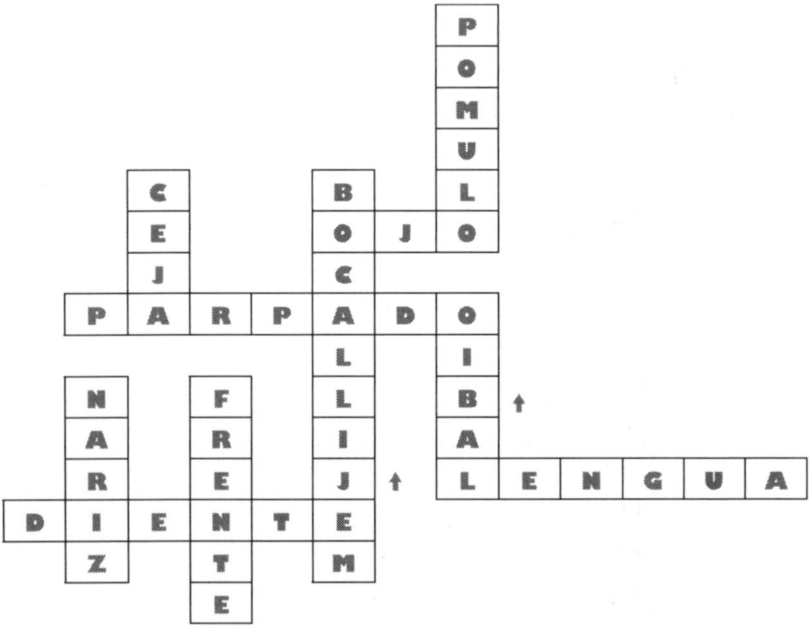

④ Retrouver **la partie du visage** qui correspond au verbe (on peut trouver plusieurs fois le même organe).

1) **OIR : OREJA**
2) **OLER : NARIZ**

3) **PALADEAR : BOCA o LENGUA**
4) **MIRAR : OJOS**
5) **RESPIRAR : NARIZ**
6) **ESCUCHAR : OREJA**
7) **HABLAR : BOCA**
8) **OBSERVAR : OJOS**

12. DESCRIPTION PHYSIQUE

① Retrouver dans la *sopa de letras* suivante **15 adjectifs** qui vous serviront à compléter le tableau ci-dessous.

HORIZONTALEMENT

1) **PELIRROJO ←**
2) **MORENO**
3) **CALVO**
7) **LARGO**
8) **DELGADO**
9) **MIOPE - BAJA ←**

VERTICALEMENT

1) **CASTAÑO ←**
2) **CORTO**
3) **RIZADO ←**
4) **ALTO ←**
6) **GORDO ←**
7) **RUBIO**
8) **BAJO**
9) **FLACO←**

② Vocabulaire à **compléter**.

FRANÇAIS	ESPAGNOL
Blond	Rubio
Brun	Moreno
Châtain	Castaño
Chauve	Calvo
Court	Corto
Frisé	Rizado
Gros	Gordo
Grand	Alto
Long	Largo
Maigre	Flaco
Mince	Delgado
Myope	Miope
Petit	Bajo
Rouquin	Pelirrojo

3) **Donner le contraire** des adjectifs suivants.

Alto	Bajo
Moreno	Rubio
Inteligente	Estúpido o Tonto
Elegante	Descuidado
Antipático	Simpático
Delgado	Gordo
Pelo rizado	Pelo lacio
Pelo corto	Pelo largo

4) Retrouver dans ces **syllabes mélangées 5 adjectifs de couleurs de cheveux**.

1) RUBIO
2) CASTAÑO
3) MORENO
4) NEGRO
5) BLANCO

5) Retrouver dans ces **lettres mélangées 3 adjectifs de couleurs d'yeux**.

1) E - E - D - R - S - V = VERDES
2) S - L - Z - E - A - U = AZULES
3) E - O - S - R - G - N = NEGROS

13. ANIMAUX

1) **Compléter les cases manquantes** pour retrouver le nom des animaux.

D	R	O	M	E	D	A	R	I	O
P	I	N	G	Ü	I	N	O		
L	A	G	A	R	T	O			
C	A	M	E	L	L	O			
C	A	R	A	C	O	L			
G	A	L	L	I	N	A			
C	A	B	A	L	L	O			
J	I	R	A	F	A				

2) Retrouver les animaux suivants en remplaçant les cases vides par des **voyelles**.

R	I	N	O	C	E	R	O	N	T	E
H	I	P	O	P	Ó	T	A	M	O	
G	O	L	O	N	D	R	I	N	A	
D	R	O	M	E	D	A	R	I	O	
E	S	C	O	R	P	I	Ó	N		
P	A	P	A	G	A	Y	O			
C	O	R	M	O	R	Á	N			
C	I	G	Ü	E	Ñ	A				
P	A	N	T	E	R	A				
G	U	S	A	N	O					
C	A	S	T	O	R					
O	V	E	J	A						
P	I	T	Ó	N						
L	O	B	O							
P	A	T	O							
S	A	P	O							
O	S	O								

3) En utilisant l'exercice précédent, **compléter le tableau** en traduisant les noms d'animaux.

FRANÇAIS	ESPAGNOL
Brebis	Oveja
Canard	Pato
Castor	Castor
Cigogne	Cigüeña
Cormoran	Cormorán
Crapaud	Sapo
Dromadaire	Dromedario
Hippopotame	Hipopótamo
Hirondelle	Golondrina
Loup	Lobo
Ours	Oso
Panthère	Pantera
Perroquet	Loro o Papagayo
Python	Pitón

Rhinocéros	Rinoceronte
Scorpion	Escorpión
Ver	Gusano

4 **Deviner l'animal** d'après les définitions.

1) Soy el compañero más fiel del hombre: el PERRO
2) Se dice que soy el rey de los animales: el LEÓN
3) Vivo en Africa y mi cuello es muy largo. Soy la JIRAFA
4) Soy el símbolo de la paz: la PALOMA
5) Vivo en Africa y dicen los niños pequeños que nunca me quito el pijama: soy la CEBRA
6) Soy gris, enorme y tengo una trompa. Soy el ELEFANTE
7) Vivo con los humanos, me gusta mucho dormir pero se dice que me gusta también la libertad: el GATO
8) Soy el mamífero más grueso que vive en el mar: la BALLENA
9) Soy un pájaro. Canto muy bien: el RUISEÑOR
10) Puedo repetir lo que dicen los humanos: el PAPAGAYO ou el LORO

5 Retrouver **12 animaux** dans la *sopa de letras*.

HORIZONTALEMENT

1) FLAMENCO
2) PAPAGAYO ←
3) CORMORAN ←
4) PINTADA
5) GUSANO ←
6) GAVIOTA
7) GORILA
8) LIEBRE
9) PANTERA ←

VERTICALEMENT

1) CANGURO
8) PALOMA ←
9) ESCORPIÓN

6 Avec l'aide des **dessins**, retrouver les **noms d'animaux qui vivent dans la mer**.

1	El	P	U	L	P	O

2	Los	P	E	C	E	S

3	El	E	R	I	Z	O	de	M	A	R

4	La	B	A	L	L	E	N	A

5	La	M	E	D	U	S	A

6	La	O	T	A	R	I	A

7	El	D	E	L	F	Í	N

14. MATIÈRES

① Compléter les **consonnes** pour retrouver les **matières** enseignées.

M	A	T	E	M	Á	T	I	C	A	S
F	I	L	O	S	O	F	Í	A		
G	E	O	G	R	A	F	Í	A		
H	I	S	T	O	R	I	A			
I	T	A	L	I	A	N	O			
E	C	O	N	O	M	Í	A			
Q	U	Í	M	I	C	A				
D	E	R	E	C	H	O				
F	R	A	N	C	É	S				
A	L	G	E	B	R	A				
A	L	E	M	Á	N					
F	Í	S	I	C	A					
L	A	T	Í	N						

② Remettre les **syllabes dans le bon ordre** afin de retrouver 6 matières puis les mettre dans le tableau suivant par ordre alphabétique.

ASIGNATURAS
A LE MÁN
AL GE BRA
HIS TO RIA
IN GLÉS
LA TÍN
LI TE RA TU RA

3) Compléter le tableau en donnant les **traductions**.

FRANÇAIS	ESPAGNOL
Algèbre	Algebra
Allemand	Alemán
Anglais	Inglés
Chimie	Química
Droit	Derecho
Économie	Economía
Français	Francés
Géographie	Geografía
Géométrie	Geometría
Grammaire	Gramática
Grec	Griego
Histoire	Historia
Italien	Italiano
Latin	Latín
Littérature	Literatura
Mathématiques	Matemáticas
Philosophie	Filosofía
Physique	Física
Sciences naturelles	Ciencias naturales
Sciences de la vie et de la terre	Ciencias de la vida y de la tierra

4) Retrouver les **matières** en vous aidant des **dessins**.

1) **GEOMETRÍA**
2) **ALGEBRA**
3) **INGLÉS**

5) Retrouver la **matière** en complétant les phrases ci-dessous.

1) Si el profe te pide la fecha de una batalla, estás en el curso de **HISTORIA**.
2) Los textos de Cervantes y de Lope de Vega se estudian en clase de **LITERATURA** o de **ESPAÑOL**.
3) Podemos pintar y dibujar en **ARTES PLÁSTICAS**.
4) Si hablamos de ríos, montes, temperaturas, climas y capitales, estamos en clase de **GEOGRAFÍA**.
5) ¿Oyes? 24 + 51 = 75. Es la clase de **MATEMÁTICAS** o de **ARITMÉTICA**.
6) Los textos de Shakespeare se estudian y se traducen en **INGLÉS**.
7) **LATÍN** y **GRIEGO** son dos lenguas muertas.

8) Durante los cursos, el profesor puede hacer experiencias en FÍSICA o también en QUÍMICA.
9) En ITALIANO, adiós se dice "ciao".
10) Si reflexionas sobre los principios fundamentales del pensamiento es que estás en clase de FILOSOFÍA.
11) Si practicas el tenis, la gimnasia o el voleibol estás en clase de EDUCACIÓN FÍSICA.

15. FAMILLE

① Remplacer les cases vides par des **voyelles**.

			M					
			A	B	U	E	L	O
	P	A	D	R	E			
S	O	B	R	I	N	O		
		H	E	R	M	A	N	O

② Que sont ces personnes pour moi ? **Retrouver le mot d'après la définition.**

1) El padre de mi madre: Mi ABUELO
2) El hijo de mi tía: Mi PRIMO
3) La hermana de mi padre: Mi TÍA
4) La hija de mi abuela: Mi MADRE o MI TÍA
5) Los padres de mis primos: Mis TÍOS
6) Mis padres tienen 2 hijos: Yo y mi HERMANO
7) La esposa de mi padre: Mi madre
8) Para mi abuela soy su NIETO o NIETA
9) El padre y la madre de mi abuelo son mis BISABUELOS
10) El hermano y la hermana de mi madre son mis TÍOS

③ Retrouver dans cette *sopa de letras* **11 mots** appartenant au **vocabulaire de la famille** et en former un 12e avec les lettres restantes.

HORIZONTALEMENT

1) BISABUELO ←
2) HERMANO
3) PRIMOS
4) NIETO ←
5) SUEGRO
6) SOBRINA

VERTICALEMENT

1) PADRE ←
2) ABUELA
3) HIJOS

7) YERNO ←
8) PARIENTES

IL RESTE : T - I - S - O : TIOS

④ Retrouver des mots sur le thème de la famille en complétant les cases vides par des consonnes.

H	E	R	M	A	N	O

S	O	B	R	I	N	O

P	A	D	R	E

N	I	E	T	O

P	R	I	M	O

M	A	D	R	E

H	I	J	O

16. MÉTIERS

① Retrouver les **voyelles manquantes** dans cette liste de professions.

C	I	R	U	J	A	N	O
P	A	N	A	D	E	R	O
C	A	R	T	E	R	O	
M	A	E	S	T	R	O	
P	I	L	O	T	O		
M	Ú	S	I	C	O		
O	B	R	E	R	O		
T	O	R	E	R	O		
M	O	D	E	L	O		
M	I	N	E	R	O		

2) Deviner la **profession** d'après l'activité.

1) Yo vendo el pan. Soy el PANADERO
2) Reparo los lavabos. Soy el FONTANERO
3) Vendo la carne. Soy el CARNICERO
4) Vendo las flores. Soy la FLORISTA
5) Vendo las medicinas: Soy el FARMACÉUTICO
6) Atiendo a los pasajeros en un avión. Soy la AZAFATA
7) Enseño en el instituto. Soy el PROFESOR
8) Conduzco un fórmula uno. Soy un PILOTO
9) Me ocupo de los animales y los curo. Soy el VETERINARIO
10) Me ocupo de las plantas del jardín. Soy el JARDINERO

3) Retrouver les **consonnes** pour former des **professions**.

F	O	N	T	A	N	E	R	O

J	A	R	D	I	N	E	R	O

P	A	S	T	E	L	E	R	O

P	E	L	U	Q	U	E	R	O

C	A	R	N	I	C	E	R	O

E	N	F	E	R	M	E	R	O

P	E	S	C	A	D	E	R	O

R	E	P	O	R	T	E	R	O

C	O	S	T	U	R	E	R	A

A	P	I	C	U	L	T	O	R

C	A	M	P	E	S	I	N	O

17. SPORTS

① **Traduire en espagnol** la série de **sports** suivants.

FRANÇAIS	ESPAGNOL
Athlétisme	Atletismo
Aviron	Remo
Basket-ball	Baloncesto
Bobsleigh	Bobsleigh
Boxe	Boxeo
Cyclisme	Ciclismo
Escalade	Escalada
Escrime	Esgrima
Football	Fútbol
Golf	Golf
Gymnastique	Gimnasia
Hockey	Hockey
Javelot	Jabalina
Judo	Judo o yudo
Karaté	Kárate
Natation	Natación
Pêche	Pesca
Pêche sous-marine	Pesca submarina
Plongée	Buceo
Rafting	Rafting
Rugby	Rugby
Saut à la perche	Salto con pértiga
Saut en hauteur	Salto de altura
Saut en longueur	Salto de longitud
Ski	Esquí
Ski nautique	Esquí naútico
Tennis	Tenis
Le triple saut	Triple salto
Voile	Vela
Volley-ball	Voleibol
Water-polo	Water-polo
Windsurf	Windsurf

2) Recherche les **consonnes** qui manquent dans le tableau suivant pour retrouver **onze sports**.

E	S	C	A	L	A	D	A
N	A	T	A	C	I	Ó	N
G	I	M	N	A	S	I	A
E	S	G	R	I	M	A	
F	Ú	T	B	O	L		
K	Á	R	A	T	E		
R	U	G	B	Y			
P	E	S	C	A			
Y	U	D	O				
V	E	L	A				
G	O	L	F				

3) **Deviner le sport** dont il est question d'après les définitions ou explications suivantes.

1) **Necesita una alfombra verde con 18 hoyos: El GOLF**
2) **En la montaña, para ir hasta la cima: ESCALADA**
3) **Se practica en un torrente o en cursos rápidos de agua con balsas neumáticas, remo y casco: El RAFTING**
4) **Deporte que puedes practicar en piscina o en el mar: La NATACIÓN**
5) **Deporte de combate que utiliza guantes de cuero: El BOXEO**
6) **Deporte que se practica con 2 o 4 jugadores. Utiliza una raqueta, una pelota y una red: el TENIS**
7) **Deporte que se disputa entre 2 equipos de 6 jugadores, lanzando un balón que se golpea con la mano, por encima de una red: el VOLEIBOL**

4) Retrouver les **sports** suivants d'après les **dessins**.

1) **PING-PONG**
2) **ESGRIMA**
3) **BALONCESTO**
4) **BOXEO**
5) **TENIS**

18. MOYENS DE TRANSPORT

① Retrouver les **consonnes** de ces modes de locomotion.

H	E	L	I	C	Ó	P	T	E	R	O
C	I	C	L	O	M	O	T	O	R	
B	I	C	I	C	L	E	T	A		
A	U	T	O	C	A	R				
A	U	T	O	B	Ú	S				
C	A	M	I	Ó	N					

② Retrouver les **voyelles** de ces modes de locomotion.

B	A	R	C	O
C	O	C	H	E
A	V	I	Ó	N
M	E	T	R	O
V	E	S	P	A
C	A	N	O	A

③ **Compléter le tableau** ci-dessous en utilisant les 2 exercices précédents, en suivant l'ordre alphabétique en espagnol, et en donnant les traductions françaises.

ESPAGNOL	FRANÇAIS
Autobús	Autobus
Autocar	Autocar
Avión	Avion
Bicicleta	Bicyclette
Barco	Bateau
Camión	Camion
Canoa	Canoë
Ciclomotor	Cyclomoteur
Coche	Voiture
Helicóptero	Hélicoptère
Metro	Métro
Vespa	Vespa

④ En remplaçant les cases vides par des voyelles, vous découvrirez, verticalement, **5 modes de locomotion**, et vous pourrez en trouver un sixième horizontalement.

B				
I	A	B		
C	U	A		
I	T	R		M
C	O	C	H	E
L	B	O	E	T
E	Ú		L	R
T	S		I	O
A			C	
			Ó	
			P	
			T	
			E	
			R	
			O	

⑤ Retrouver des moyens de **locomotion à deux roues** en complétant les cases vides par des consonnes (3 des 5 mots ont déjà été vus dans des jeux précédents).

C	I	C	L	O	M	O	T	O	R

B	I	C	I	C	L	E	T	A

T	A	N	D	E	M

V	E	S	P	A

M	O	T	O

19. NATURE

① Remplacer chaque case vide par une voyelle afin de retrouver **7 éléments naturels météorologiques**.

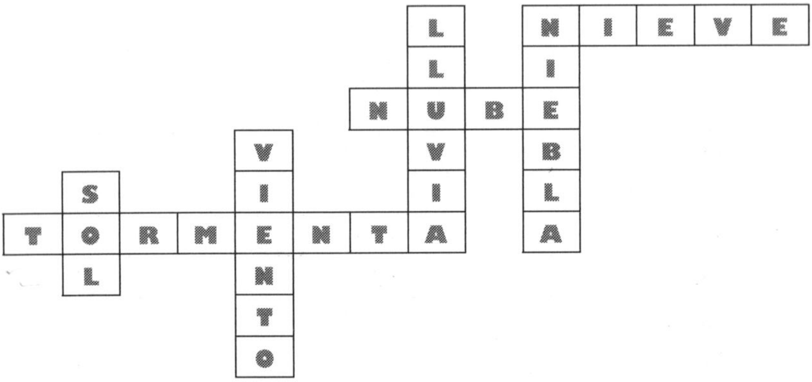

② Retrouver par les définitions suivantes les **7 éléments météorologiques** du jeu précédent.

1) **Tiene rayos y produce calor. Es el elemento principal del verano: El SOL**
2) **Puede soplar muy fuerte. Es el VIENTO**
3) **Proviene de las nubes y se compone de gotas: la LLUVIA**
4) **Aparece en invierno y tiene copos: La NIEVE**
5) **Es un conjunto de finas partículas de agua que están reunidas en el aire: la NUBE**
6) **Es una nube que reposa en la superficie terrestre y que limita la visibilidad: La NIEBLA**
7) **Es una perturbación atmosférica violenta que puede comportar viento, lluvia, relámpagos: La TORMENTA**

③ Retrouver les mots du vocabulaire des **éléments naturels** en utilisant les dessins ci-dessous.

1) **VIENT**
2) **LLUVIA**
3) **NUBE**
4) **SOL**
5) **ARCO IRIS**
6) **NIEVE**

20. PRÉNOMS ET DIMINUTIFS

① Retrouver le diminutif correspondant au **prénom féminin** et les réunir dans le tableau suivant.

PRÉNOM	DIMINUTIF
Carmen	Carmencita
Concepción	Conchita
Dolores	Lolita
Francisca	Paquita
Josefa	Pepita
Luisa	Luisita
Manuela	Manolita
Pilar	Pili
Trinidad	Trini

② Retrouver le diminutif correspondant au **prénom masculin** et les réunir dans le tableau suivant.

PRÉNOM	DIMINUTIF
Carlos	Carlitos
Enrique	Quique
Ignacio	Nacho
José	Pepe
Juan	Juanito
Luis	Luisito
Manuel	Manolito
Pablo	Pablito

21. VERBES EN « AR »

① Retrouver dans la grille suivante **14 verbes du premier groupe** (terminés en AR) et les classer dans le tableau suivant par ordre alphabétique en donnant la traduction en français.

HORIZONTALEMENT	VERTICALEMENT
1) **CONTESTAR** ←	1) **GRITAR**
2) **PASEAR**	2) **CERRAR** ←
3) **BAJAR** ←	3) **CAZAR** ←
4) **ATAR** ←	8) **PROVOCAR**←

5) **AMAR**
6) **ALZAR**
7) **CENAR**
8) **ACEPTAR**
9) **PILOTAR** ←

9) **CONJUGAR** ←

ESPAGNOL	FRANÇAIS
ACEPTAR	Accepter
ALZAR	Lever, soulever
AMAR	Aimer
ATAR	Attacher
BAJAR	Descendre
CAZAR	Chasser
CENAR	Dîner, souper
CERRAR	Fermer
CONJUGAR	Conjuguer
CONTESTAR	Répondre
GRITAR	Crier
PASEAR	Promener
PILOTAR	Piloter
PROVOCAR	Provoquer

2 Retrouver le **verbe à l'infinitif** d'après les définitions suivantes ou en s'aidant des phrases pour compléter le tableau suivant.

1) **Es un sinónimo de verificar, es comprobar la exactitud de algo: AVERIGUAR .**
2) **Cuando no tenemos nuestra propia casa, tenemos que ALQUILAR una.**
3) **Si necesitas algo y que tienes dinero, puedes COMPRAR lo.**
4) **Antes de salir del cuarto, tendrás que APAGAR la luz.**
5) **Vivimos en el cuarto piso, tenemos que BAJAR todos los días para salir de compras.**
6) **Para hacer gimnasia y nadar no es muy práctico tener los cabellos sueltos. Por eso, tengo que ATAR los.**

A	V	E	R	I	G	U	A	R
A	L	Q	U	I	L	A	R	
C	O	M	P	R	A	R		
A	P	A	G	A	R			
B	A	J	A	R				
A	T	A	R					

3) Retrouver les **verbes du premier groupe, à l'infinitif** en remplaçant les cases vides par des **voyelles**.

A	C	O	M	P	A	Ñ	A	R
A	N	A	L	I	Z	A	R	
C	O	M	P	R	A	R		
A	P	A	G	A	R			
B	A	J	A	R				
A	M	A	R					

4) Dans la liste de verbes suivante retrouver et séparer les **verbes réguliers** et les **verbes à diphtongue**.

Verbes réguliers		Verbes à diphtongue	
ABANDONAR	Abandonner	CERRAR	Fermer
CANTAR	Chanter	COMENZAR	Commencer
CENAR	Dîner	EMPEZAR	Commencer
CONTENTAR	Contenter	MERENDAR	Goûter
COPIAR	Copier	TEMBLAR	Trembler
DAR	Donner	VOLAR	Voler
IGNORAR	Ignorer		
PAGAR	Payer		
REMAR	Ramer		

5) Retrouver le **verbe du premier groupe qui correspond au substantif** du tableau.

SUBSTANTIF	INFINITIF
Juego	Jugar
Natación	Nadar
Palpitación	Palpitar
Olvido	Olvidar
Pensamiento	Pensar
Transformación	Transformar
Educación	Educar
Tuteo	Tutear
Pago	Pagar
Entrada	Entrar

⑥ **Remettre les syllabes dans le bon ordre**, reformer des verbes du premier groupe et les mettre dans le tableau en donnant la traduction.

ANDAR	Marcher
CANTAR	Chanter
CERRAR	Fermer
CIRCULAR	Circuler
DURAR	Durer
HABLAR	Parler
LLAMAR	Appeler
LLEGAR	Arriver

⑦ **Remettre les lettres dans le bon ordre** pour former des verbes du premier groupe.

1) **S - A - P - N - E - R : PENSAR**
2) **R - A - P - A - G : PAGAR**
3) **R - A - L - B - H - A : HABLAR**
4) **A - A - N - C - R - T : CANTAR**
5) **R - R - R - C - E - A : CERRAR**
6) **R - A - T - I - P - A - P - L : PALPITAR**

22. VERBES EN « ER »

① Retrouver **16 verbes du 2e groupe** dans cette grille, les classer par ordre alphabétique et en donner la traduction dans le tableau suivant.

VERTICALEMENT

1) **PERDER**
2) **BEBER ←**
8) **VER ← HABER**
9) **TENER ← TEMER**

HORIZONTALEMENT

1) **RECONOCER**
2) **SABER ← SER**
3) **COMER**
4) **HACER ←**
5) **PONER**
6) **MOVER**
7) **BARRER**
8) **SUPONER ←**
9) **ESCONDER**

ESPAGNOL	FRANÇAIS
BARRER	Balayer
BEBER	Boire
COMER	Manger
ESCONDER	Cacher
HABER	Auxiliaire (avoir, être)
HACER	Faire
MOVER	Bouger
PERDER	Perdre
PONER	Poser, mettre
RECONOCER	Reconnaître
SABER	Savoir
SER	Être
SUPONER	Supposer
TEMER	Craindre
TENER	Avoir
VER	Voir

2 Remettre les syllabes dans le bon ordre, reformer **six verbes du deuxième groupe** et les mettre dans le tableau en donnant la traduction.

ESPAGNOL	FRANÇAIS
1) **CEDER**	Céder
6) **COCER**	Cuire, cuisiner
4) **COGER**	Prendre
2) **COSER**	Coudre
3) **PERDER**	Perdre
5) **RECONOCER**	Reconnaître

3 Retrouver le **verbe à l'infinitif** en ER après les définitions suivantes ou en s'aidant des phrases.

1) **Acción de percibir con los ojos: VER**
2) **Ingerir un líquido: BEBER**
3) **Contrario de ganar: PERDER**
4) **Contrario de apagar: ENCENDER**
5) **Se utiliza una escoba para BARRER**
6) **Unir con hilo y aguja dos pedazos de tela. Lo hace la costurera: COSER**
7) **Masticar un alimento: COMER**

8) Más rápido que andar: CORRER
9) Tener conocimientos: SABER
10) Soltar el huevo las aves: PONER

④ Classer les verbes du 2e groupe en 2 colonnes selon qu'ils **diphtonguent ou non**.

PAS DE DIPHTONGUE	DIPHTONGUE
BEBER	DEFENDER
COMPONER	ENCENDER
CONOCER	EXTENDER
LEER	MOVER
PONER	PERDER
PROPONER	PODER
RESPONDER	RESOLVER
SER	VOLVER
SABER	
SUPONER	
VALER	

⑤ Retrouver les **consonnes** de ces verbes en ER en vous aidant des quelques explications suivantes.

R	E	S	P	O	N	D	E	R
C	O	M	P	O	N	E	R	
C	O	N	O	C	E	R		
P	E	R	D	E	R			
S	A	B	E	R				
R	O	E	R					
S	E	R						

23. VERBES EN « IR »

1 Compléter les **voyelles manquantes** afin de retrouver des verbes terminés par IR.

S	U	B	I	R
V	I	V	I	R
P	E	D	I	R
M	O	R	I	R
S	A	L	I	R
A	B	R	I	R
L	A	T	I	R

2 Retrouver **10 verbes en IR** d'après les définitions ou les indications suivantes.

1) Contrario de bajar: SUBIR
2) Contrario de nacer: MORIR
3) Contrario de entrar: SALIR
4) Tener vida, estar vivo: VIVIR
5) Decir a alguien qué se desea obtener de él: PEDIR
6) Tener o padecer un daño o dolor físico o moral: SUFRIR
7) Manifestar con palabras un sentimiento, sinónimo de hablar: DECIR
8) Lo hacemos en general de noche, en una cama: DORMIR
9) Lo hacen los tigres o los leones: RUGIR
10) Ir detrás de alguien: SEGUIR
11) Contrario de decir la verdad: MENTIR

3 Classer les verbes suivants en 2 colonnes selon qu'ils **sont réguliers ou non** (diphtongue, affaiblissement…).

RÉGULIERS	IRRÉGULIERS
ASISTIR	ADQUIRIR
COMBATIR	CONVENIR
REUNIR	CORREGIR
SUBIR	DORMIR
VIVIR	IMPEDIR
	MENTIR
	REIR
	SENTIR
	VENIR

④ Replacer les **lettres** de ces verbes du 3e groupe dans le bon ordre.

1) **N - T - R - E - I - M : MENTIR**
2) **S - S - T - R - I - I - A : ASISTIR**
3) **M - R - R - O - I : MORIR**
4) **V - V - R - I - I : VIVIR**
5) **R - R - G - I - U : RUGIR**
6) **A - I - S - R - L : SALIR**
7) **D - R - M - R - I - O : DORMIR**

24. INFINITIF

① Retrouver dans cette *sopa de letras* **17 verbes** conjugués au présent dont il faudra retrouver **l'infinitif**.

EN DIAGONALE

2) **DOY** — **DAR**

HORIZONTALEMENT

1) **CANTAMOS** — **CANTAR**
2) **MIDES** — **MEDIR**
3) **SALIS ←** — **SALIR**
4) **VIVES** — **VIVIR**
5) **PUEDES ←** — **PODER**

VERTICALEMENT

1) **VERIFICAN ←** — **VERIFICAR**
2) **HABLAIS ←** — **HABLAR**
3) **PONGO** — **PONER**
3) **OIGO** — **OÍR**
4) **VOY** — **IR**
4) **SUBES** — **SUBIR**
5) **PIDO ←** — **PEDIR**
6) **DICES** — **DECIR**
7) **VIVE ←** — **VIVIR**
8) **ABRO** — **ABRIR**
9) **PARTE** — **PARTIR**

② Retrouver **l'infinitif** qui correspond au **substantif**.

SUBSTANTIF	INFINITIF
Comida	Comer
Cuento	Contar
Entrada	Entrar
Movimiento	Mover
Natación	Nadar
Recitación	Recitar
Reunión	Reunir
Salida	Salir
Satisfacción	Satisfacer
Silla	Sentar
Solución	Solucionar
Vista	Ver
Vuelo	Volar

③ Retrouver les **voyelles manquantes** pour former les verbes des trois groupes différents.

Verbes en AR

R	E	F	L	E	X	I	O	N	A	R
I	N	T	E	R	R	O	G	A	R	
V	E	R	I	F	I	C	A	R		
E	S	C	U	C	H	A	R			
C	O	L	O	C	A	R				
P	A	S	E	A	R					
R	O	B	A	R						
N	A	D	A	R						
V	O	L	A	R						

Verbes en ER

C	O	M	E	R
B	E	B	E	R
T	E	N	E	R
M	O	V	E	R
S	O	L	E	R
P	O	N	E	R

Verbes en IR

I	N	T	R	O	D	U	C	I	R
C	O	N	S	T	R	U	I	R	
D	I	S	C	U	T	I	R		
R	E	D	U	C	I	R			
D	O	R	M	I	R				
P	E	D	I	R					
R	E	I	R						

④ Retrouver **11 verbes à l'infinitif** dans ce premier serpent.

En partant de la queue :

SER ← TENER - REÍR - RUGIR - ESTAR ← RESPONDER - ANDAR ← VER - IR ← SALIR ← PROPONER

⑤ Retrouver **6 verbes à l'infinitif** dans cet autre serpent.

En partant de la tête :

REÍR - ROER - RESPONDER - ERGUIR ← REMAR - REZAR ←

25. PRÉSENT

① En partant de la liste proposée, classer les verbes en deux colonnes, par ordre alphabétique, en donnant la **première personne du présent de l'indicatif**.

1re personne régulière	1re personne irrégulière (y compris les diphtongues)
ABRO	DISPONGO
ANDO	DOY
BEBO	ESTOY
BUSCO	HUYO
COCINO	PRODUZCO
COMO	QUIERO
CORRO	SACO
DISCUTO	SALGO
ENTRO	SÉ
GRITO	SOY

HABLO	VENGO
PASO	VEO

2) En remplaçant les cases vides par des **voyelles**, retrouver **10 verbes irréguliers** qui sont tous à la 1re personne du présent de l'indicatif.

V	E	N	G	O
C	A	I	G	O
S	A	L	G	O
T	E	N	G	O
P	O	N	G	O
V	A	L	G	O
H	A	G	O	
O	I	G	O	
S	O	Y		
V	E	O		

3) Retrouver dans cette *sopa de letras* **13 verbes au présent de l'indicatif**.

HORIZONTALEMENT

1) **RESPONDE**
2) **UTILIZO**
3) **DISCUTO** ←
4) **PEDIMOS**
5) **ALZAMOS**
6) **PODÉIS** ←
7) **RAYÁIS** ←
8) **ALZÁIS**
9) **VENDEMOS**

VERTICALEMENT

1) **VERIFICAS** ←
2) **HABLÁIS**
3) **PASEAN**
9) **SORBO**

4) Remettre les **lettres dans l'ordre** afin de former des verbes à la **2e personne du singulier du présent de l'indicatif**.

1) **O - E - C - S - M : COMES**
2) **S - T - G - R - A - I : GRITAS**
3) **A - A - E - S - S - P : PASEAS**
4) **H - A - A - S - B - L : HABLAS**
5) **S - V - E : VES**
6) **S - A - R - I - M : MIRAS**
7) **P - R - G - N - S - T - A - E - U : PREGUNTAS**
8) **A - A - C - T - N - S : CANTAS**

9) **S - B - U - S - E : SUBES**
10) **A - A - I - D - M - R - S : ADMIRAS**
11) **E - E - S - R : ERES**

26. IMPARFAIT

① Retrouver **11 verbes à l'imparfait** dans cette *sopa de letras*.

HORIZONTAL

1) **DISCUTÍA**
2) **REÍAIS ←**
3) **CALZABA**
4) **ÍBAMOS ←**
6) **REÍA**
7) **HABLABA ←**
8) **ABRÍAN ←**

VERTICAL

1) **DECIDÍAN**
2) **IBAN**
3) **ERAN**
8) **ARDÍAN**

Il reste 9 lettres : C O N D U C A I N → CONDUCÍAN

② Compléter les **voyelles manquantes** pour trouver des verbes à l'imparfait.

C	O	N	T	E	S	T	A	B	A	S
R	E	S	P	I	R	A	B	A	S	
R	E	D	U	C	Í	A	S			
P	A	S	A	B	A	S				
P	E	D	Í	A	S					
R	E	Í	A	S						
I	B	A	S							

③ Remettre les **syllabes en ordre** afin de retrouver des verbes à l'imparfait. Tous les verbes sont du **1er groupe**.

1) **NUN - A - BAS - CIA : ANUNCIABAS**
2) **BLÁ - BA - MOS - HA : HABLÁBAMOS**
3) **BAN - SA - PA : PASABAN**
4) **TA - TA - CONS - BAN : CONSTATABAN**
5) **PO - YA - BA - A : APOYABA**
6) **PRA - BA - COM : COMPRABA**
7) **PLI - CA - BAN - SU : SUPLICABAN**
8) **TÁ - MOS - GRI - BA : GRITÁBAMOS**

9) BAIS - A - PA - COM - ÑA : ACOMPAÑABAIS
10) DO - MOS - A - RÁ - BA : ADORÁBAMOS

④ Remettre les **syllabes en ordre** afin de retrouver des verbes à l'imparfait. Tous les verbes sont du **2e ou du 3e groupe**.

1) NÍAN - COM - PO : COMPONÍAN
2) TÍAS - DIS - CU : DISCUTÍAS
3) NO - CO - CÍAN : CONOCÍAN
4) MOS - Í - BA : ÍBAMOS
5) RA - MOS - É : ÉRAMOS
6) PO - PRO - NÍA : PROPONÍA
7) BA - TÍAN - COM : COMBATÍAN
8) BÍAN - SU : SUBÍAN

27. FUTUR

① La coquille de l'**escargot** contient 7 verbes au **futur**. **À vous de les retrouver.**

En partant du centre de la coquille :

SERÉ - ELEVARÁS - SUBIRÁS - COMERÁN - COCINARÉ ← ESTAREMOS - SUPLICARÁS

② Retrouver les verbes au **futur** en **éliminant les 3 lettres** qui sont en trop.

1) M - O - D - I - S - P - O - N - E - D - R - Á - S : DISPONDRÁS
2) A - D - I - M - O - R - É : DIRÉ
3) R - H - A - B - L - A - N - I - R - E - M - O - S : HABLAREMOS
4) I - M - P - A - S - A - R - I - Á - N : PASARÁN
5) G - R - I - D - U - T - A - R - É - B - I - S : GRITARÉIS

③ Compléter les lettres manquantes par des **voyelles** pour retrouver les verbes au futur.

D	I	V	E	R	T	I	R	E	M	O	S

A	P	A	R	C	A	R	E	M	O	S

V	E	R	I	F	I	C	A	R	Á	S

A	N	A	L	I	Z	A	R	É	I	S

C	O	M	P	R	A	R	É	I	S

D	I	G	E	R	I	R	Á	S

A	P	A	G	A	R	Á	N

A	T	R	A	E	R	Á	S

S	E	N	T	I	R	É

S	U	B	I	R	Á	S

C	O	N	T	A	R	É

V	I	V	I	R	Á

28. PRÉTÉRIT

1) Retrouver **16 verbes au prétérit** dans cette *sopa de letras.*

HORIZONTALEMENT

1) SUPISTEIS
2) FUE
4) CANTÉ
9) LLORASTE

VERTICALEMENT

1) SALISTEIS
2) ÓI - CANTÓ
3) AMARON
4) FUI ← QUISO
5) SALTAMOS
6) FUERON
7) PEDIMOS
8) ESTUVE ←
9) CONDUJE ←

EN DIAGONALE

6) SUPE ←

LETTRES NON UTILISÉES

U - N

2) Dans le tableau suivant, indiquer la personne du verbe conjugué au prétérit et **retrouver l'infinitif**.

PRÉTÉRIT	PERSONNE	INFINITIF
Paseaste	2e p. sing.	Pasear
Cantaron	3e p. plur.	Cantar
Subió	3e p. sing.	Subir
Tuvo	3e p. sing.	Tener
Condujiste	2e p. sing.	Conducir
Supe	1re p. sing.	Saber
Volvisteis	2e p. plur.	Volver
Pedí	1re p. sing.	Pedir
Saqué	1re p. sing.	Sacar
Hablamos	1re p. plur.	Hablar
Comieron	3e p. plur.	Comer
Gritó	3e p. sing.	Gritar

3) Prenez le temps de retrouver dans ces serpents **6 verbes au prétérit**.

CANTÉ - COMISTE - HABLASTE - ENTRÓ - OBLIGAMOS - ENTRASTEIS ←

4) Prenez le temps de retrouver dans ces serpents **8 verbes au prétérit**.

VINIERON ← CONDUJE - SUPE ← PROPUSISTE - FUE ← FUIMOS - TRAJE - ESTUVO

29. PARTICIPE PASSÉ

1) Retrouver **16 verbes au participe passé** dans cette *sopa de letras.*

HORIZONTALEMENT

1) DICHO - VISTO ←
2) ESCRITO
9) HECHO
10) FRITO
11) ABIERTO ←

VERTICALEMENT

1) DESCUBIERTO
2) SIDO
3) COMIDO
4) MUERTO
5) IMPRESO
6) PUESTO ←
7) PREVISTO

8) SATISFECHO
9) VERIFICADO

Il reste 4 lettres : R - O - O - T = ROTO

2 **Supprimer les lettres qui sont en trop** pour former des **participes passés irréguliers**.

1) D - O - R - E - V - U - N - E - L - T - O : (3) REVUELTO
2) A - D - I - N - C - H - O - L : (3) DICHO
3) A - B - I - N - E - R - T - O - N : (2) ABIERTO
4) I - D - I - E - S - A - C - U - B - I - N - E - R - T - O : (4) DESCUBIERTO
5) S - U - E - N - L - I - T - O : (2) SUELTO
6) E - P - I - U - E - S - I - T - O : (3) PUESTO
7) R - A - M - H - E - C - I - H - O : (4) HECHO
8) V - U - N - E - L - I - T - O : (2) VUELTO
9) A - F - R - I - N - T - H - O : (3) FRITO
10) D - I - N - S - U - F - E - L - T - O - R : (3) DISUELTO
11) R - E - V - I - S - A - T - O - L : (4) VISTO
12) M - A - C - U - B - I - L - E - R - H - T - O : (4) CUBIERTO

3 **Supprimer les lettres qui sont en trop** pour former des **participes passés réguliers**.

1) P - O - C - O - M - I - N - D - O : (3) COMIDO
2) A - P - A - S - A - N - A - D - O : (3) PASADO
3) B - E - N - B - I - M - D - O - L : (3) BEBIDO
4) M - I - G - R - I - T - A - L - D - O : (3) GRITADO
5) P - E - N - I - T - R - A - D - I - O : (3) ENTRADO
6) E - R - H - A - B - E - L - A - D - O : (3) HABLADO
7) M - A - D - A - D - O - E : (3) DADO
8) A - V - E - R - I - F - I - N - C - H - A - D - O : (3) VERIFICADO

4 Compléter les cases vides par des **voyelles** afin de retrouver des **participes passés réguliers**.

P	R	E	D	I	S	P	U	E	S	T	O

I	N	T	E	R	P	U	E	S	T	O

D	E	S	C	U	B	I	E	R	T	O

C	O	M	P	U	E	S	T	O

P	R	O	P	U	E	S	T	O

C	U	B	I	E	R	T	O

R	E	S	U	E	L	T	O

A	B	I	E	R	T	O

A	B	S	O	R	T	O

S	U	E	L	T	O

P	U	E	S	T	O

V	I	S	T	O

D	I	C	H	O

H	E	C	H	O

F	R	I	T	O

30. PRÉSENT DU SUBJONCTIF

1) Retrouver dans l'escargot **11 verbes au subjonctif présent.**

SEA - ANDEMOS - SUBA - BAJE - REFLEXIONÉIS - SEPAMOS - GRITEN - NADEMOS - ANDES ← SALGAÍS - PIDAS ←

2) Remettre les **lettres dans le bon ordre** pour retrouver 4 verbes au subjonctif présent.

1) **T - N - M - O - E : TOMEN**
2) **C - A - T - N - S - E : CANTES**
3) **G - I - T - R - E : GRITE**
4) **S - U - A - B - S : SUBAS**

31. ADVERBES

① Retrouver dans la *sopa de letras* **10 adverbes de temps**.

HORIZONTALEMENT

1) **TEMPRANO ←**
2) **MAÑANA ←**
5) **HOY←**
7) **ANOCHE**
8) **MIENTRAS**

VERTICALEMENT

2) **NUNCA ←**
6) **AHORA**
8) **TARDE**
9) **ANTEAYER**

EN DIAGONALE

2) **AYER**

② Retrouver dans la *sopa de letras* **16 adverbes de lieu**.

HORIZONTALEMENT

1) **ALREDEDOR ←**
2) **AQUÍ**

VERTICALEMENT

1) **ADELANTE**
2) **ARRIBA - ACÁ**
3) **DENTRO**
4) **CERCA ←**
5) **ALLÍ ← ABAJO**
6) **ENFRENTE**
7) **DETRÁS ←**
8) **FUERA ←**
9) **ENCIMA ← AHÍ**

EN DIAGONALE

2) **ALLÁ**
9) **AHÍ ←**

③ Retrouver dans la *sopa de letras* **14 adverbes de quantité et de comparaison**.

HORIZONTALEMENT

1) **BASTANTE**
2) **MUY ←**
6) **TAMBIÉN**
7) **CUANTO ←**
8) **TAN - MENOS ←**

VERTICALEMENT

1) **MUCHO ←**
2) **CUANTO**
3) **MAS ←**
4) **CASI**
5) **ALGO**
6) **MAS ←**
7) **MUY ←**
8) **NADA ←**

EN DIAGONALE

2) **CASI**

④ Remettre les **lettres en ordre** pour retrouver des **adverbes de temps**.

1) H - O - A - A - R : AHORA
2) Y - E - A - R : AYER
3) E - N - S - T - O - N - C - E : ENTONCES
4) S - U - E - P - S - D - E : DESPUES
5) A - U - N - N - C : NUNCA
6) Y - O - H : HOY
7) N - T - Ñ - A - A - O : ANTAÑO
8) I - E - M - S - R - P - E : SIEMPRE

32. MOTS EN « AD »

① Dans la liste de mots suivante, retrouver la **terminaison en TAD ou en DAD**.

MOTS EN DAD	
Bondad	Bonté
Brutalidad	Brutalité
Felicidad	Bonheur
Finalidad	Finalité
Fragilidad	Fragilité
Habilidad	Habilité
Honestidad	Honnêteté
Humanidad	Humanité
Igualdad	Égalité
Inmensidad	Immensité
Lealdad	Loyauté
Maldad	Méchanceté
Moralidad	Moralité
Piedad	Piété
Posibilidad	Possibilité
Superioridad	Supériorité
Tranquilidad	Tranquillité
Vulgaridad	Vulgarité

MOTS EN « TAD »	
Libertad	Liberté
Voluntad	Volonté

2. **Retrouver le substantif en AD** d'après l'adjectif proposé.

ADJECTIF	SUBSTANTIF
Áspero	Asperidad
Culpable	Culpabilidad
Fácil	Facilidad
Inmenso	Inmensidad
Pasivo	Pasividad
Sensible	Sensibilidad
Sereno	Serenidad
Solo	Soledad
Tenaz	Tenacidad
Veloz	Velocidad
Voraz	Voracidad
Vulnerable	Vulnerabilidad

3. Remplacer les cases manquantes par des **voyelles**.

C	U	L	P	A	B	I	L	I	D	A	D
S	E	N	S	I	B	I	L	I	D	A	D
C	O	N	T	A	B	I	L	I	D	A	D
P	O	S	I	B	I	L	I	D	A	D	
P	R	O	S	P	E	R	I	D	A	D	
C	O	N	T	I	N	U	I	D	A	D	
V	U	L	G	A	R	I	D	A	D		
L	O	N	G	E	V	I	D	A	D		
P	U	B	L	I	C	I	D	A	D		
D	E	B	I	L	I	D	A	D			
I	D	E	N	T	I	D	A	D			
T	E	N	A	C	I	D	A	D			
F	A	C	U	L	T	A	D				
S	O	C	I	E	D	A	D				
A	N	S	I	E	D	A	D				

33. MOTS EN « CIÓN » OU « SIÓN »

1. Dans un premier tableau classer par ordre alphabétique les mots français suivants et en donner la traduction espagnole

puis les classer en deux colonnes suivant leur terminaison dans le deuxième tableau.

FRANÇAIS	ESPAGNOL
ASCENSION	ASCENSIÓN
ASSIMILATION	ASIMILACIÓN
ASSOMPTION	ASUNCIÓN
CONFUSION	CONFUSIÓN
CORRUPTION	CORRUPCIÓN
CRÉATION	CREACIÓN
DISTRIBUTION	DISTRIBUCIÓN
ÉDUCATION	EDUCACIÓN
ÉVALUATION	EVALUACIÓN
IMPRESSION	IMPRESIÓN
NOTATION	NOTACIÓN
RÉPARATION	REPARACIÓN
RÉPÉTITION	REPETICIÓN
SOLUTION	SOLUCIÓN
TRANSMISSION	TRANSMISIÓN

Mots terminés en CIÓN	Mots terminés en SIÓN
ASIMILACIÓN	ASCENSIÓN
ASUNCIÓN	CONFUSIÓN
CORRUPCIÓN	IMPRESIÓN
CREACIÓN	TRANSMISIÓN
DISTRIBUCIÓN	
EDUCACIÓN	
EVALUACIÓN	
NOTACIÓN	
REPARACIÓN	
REPETICIÓN	
SOLUCIÓN	

② **Retrouver le verbe qui correspond au substantif terminé en CIÓN** et compléter le tableau suivant.

Acentuación	Acentuar
Aceptación	Aceptar
Adaptación	Adaptar

Argumentación	Argumentar
Articulación	Articular
Canción	Cantar
Conjugación	Conjugar
Constatación	Constatar
Corrupción	Corromper
Creación	Crear
Distribución	Distribuir
Educación	Educar
Explicación	Explicar
Notación	Notar
Obligación	Obligar
Oposición	Oponer
Reunificación	Reunficar
Revelación	Revelar
Situación	Situar
Solución	Solucionar

3) **Retrouver le substantif terminé en SIÓN** qui correspond au verbe et compléter le tableau suivant.

Concluir	Conclusión
Decidir	Decisión
Discutir	Discusión
Divertir	Diversión
Dividir	División
Imprimir	Impresión
Oprimir	Opresión
Poseer	Posesión
Repercutir	Repercusión
Someter	Sumisión

34. LES MOTS EN « OR »

① Compléter le tableau suivant par des **consonnes** pour trouver des noms masculins en OR.

E	S	T	U	P	O	R
C	L	A	M	O	R	
H	O	R	R	O	R	
C	A	N	D	O	R	
T	E	R	R	O	R	
V	E	C	T	O	R	
F	U	R	O	R		
V	I	G	O	R		
R	U	B	O	R		
D	O	L	O	R		
E	R	R	O	R		
H	O	N	O	R		
S	U	D	O	R		
S	A	B	O	R		
R	U	M	O	R		
V	A	L	O	R		
T	E	M	O	R		
C	O	L	O	R		
V	A	P	O	R		
C	A	L	O	R		
O	L	O	R			

35. LES MOTS EN « TUD »

① **Retrouver les substantifs suivants** en vous aidant des définitions.

1) **Contrario de vejez. Edad que empieza en lapubertad:**

J	U	V	E	N	T	U	D

2) **Semejanza:**

S	I	M	I	L	I	T	U	D

3) **Mayor dimensión de un objeto:**

L	O	N	G	I	T	U	D

4) **Diferencia:**

D	I	S	I	M	I	L	I	T	U	D

5) **Acción de pedir algo cuidadosa y diligentemente:**

S	O	L	I	C	I	T	U	D

6) **Disposición constante a hacer el bien:**

V	I	R	T	U	D

36. LES MOTS COMMENÇANT EN FRANÇAIS PAR S + CONSONNE

① Compléter le tableau suivant en donnant la traduction.

Scandale	Escándalo
Scaphandre	Escafandro
Scarlatine	Escarlatina
Scène	Escena
Sceptique	Escéptico
Scorpion	Escorpión
Sculpture	Escultura
Slogan	Eslogán
Spaghetti	Espagueti
Sparadrap	Esparadrapo
Spécifique	Específico
Spécimen	Especimen
Spécial	Especial
Spectaculaire	Espectacular
Spectre	Espectro
Sphérique	Esférico
Splendide	Espléndido
Spontané	Espontáneo
Spiritisme	Espiritismo
Stabilité	Estabilidad
Station	Estación

Stratagème	Estratagema
Stratégie	Estrategia
Stress	Estrés
Structure	Estructura
Stupéfait	Estupefacto
Stupide	Estúpido

37. MOTS AYANT UN ARTICLE DIFFÉRENT EN FRANÇAIS ET EN ESPAGNOL

① Relever dans ces deux listes (corps humain et nourriture) les noms ayant un **article différent en français et en espagnol** et les classer dans le tableau suivant en les traduisant.

CORPS HUMAIN	NOURRITURE
Le bras	L'eau
Le coude	Le beurre
La dent	La carotte
Le front	Le chorizo
La jambe	Le coca cola
La lèvre	Le chou
La main	Le chou-fleur
Le nez	Le jambon
L'ongle	Le miel
Le pied	L'oignon
Le poignet	La pomme
La pommette	La pomme de terre
Le sourcil	La tomate

CORPS HUMAIN	NOURRITURE
El diente	El agua
La frente	La mantequilla
El labio	La coca cola
La nariz	La col
La uña	La coliflor
La muñeca	La miel
El pómulo	La cebolla
La ceja	El tomate

38. LES MOTS IDENTIQUES EN FRANÇAIS ET EN ESPAGNOL

1) Caballo de talla pequeña:

P	O	N	E	Y

2) Expedición de caza mayor a África:

S	A	F	A	R	I

3) Bebida efervescente:

S	O	D	A

4) Mamífero roedor que construye su vivienda a orillas de ríos:

C	A	S	T	O	R

5) Parte posterior del pie:

T	A	L	Ó	N

6) Microorganismo invisible al microscopio óptico:

V	I	R	U	S

7) Especie de epopeya familiar que se extiende a varias generaciones:

S	A	G	A

8) Puente de maderos (vocab. de la marina):

P	O	N	T	Ó	N

9) Serpiente de gran tamaño que vive en América del Sur:

A	N	A	C	O	N	D	A

10) Representante de la autoridad en los países musulmanes:

S	U	L	T	Á	N

11) Instrumento de percusión parecido al tambor de origen africano:

T	A	M	-	T	A	M

12) Deporte que se practica con un balón ovoide y en el que se enfrentan equipos de 15 jugadores:

R	U	G	B	Y

13) Objetivo de una cámara fotográfica, de cine o de televisión:

Z	O	O	M

14) Fruta de color marrón con pulpla de color verde, originaria de Nueva Zelanda:

K	I	W	I

15) **Semilla de una planta de la que se extrae un polvo que se utiliza para fabricar el chocolate:**

C	A	C	A	O

16) **Bicicleta que utilizan dos personas situadas una detrás de la otra:**

T	A	N	D	E	M

17) **Falda corta, de lana a cuadros, usada por los escoceces:**

K	I	L	T

18) **Músculo del brazo:**

B	Í	C	E	P	S

19) **Terreno sonde se cultivan plantas:**

J	A	R	D	Í	N

20) **Árbol de las regiones tropicales de África cuyo tronco puede alcanzar hasta 20 metros de circunferencia.**

B	A	O	B	A	B

21) **Serpiente venenosa:**

N	A	J	A

22) **Actividad física que consiste en correr a pie por diversos terrenos:**

J	O	G	G	I	N	G

23) **Instrumento musical cuya caja de resonancia, redonda, está cubierta por una piel tensada:**

B	A	N	J	O

24) **Abreviación de la unidad de medida de masa:**

K	I	L	O

25) **Afección del cuello caracterizada por un dolor que limita el movimiento y la inclinación de la cabeza:**

T	O	R	T	I	C	O	L	I	S

26) **Bloque de hielo de gran tamaño desprendido de los glaciares continentales que flota en las regiones polares del océano:**

I	C	E	B	E	R	G

27) **Proviene del latín y significa lo mismo:**

I	D	E	M

Achevé d'imprimer en juin 2007
sur les presses de Normandie Roto Impression s.a.s.
61250 Lonrai
N° d'impression : 071613
Dépôt légal : juin 2007

Imprimé en France